Boris Parsy

D1668800

FORMATION AU CAP

PLOMBIER

MONTEUR EN INSTALLATION SANITAIRE

Première édition

Formation au CAP Plombier Monteur en Installation Sanitaire

© 2024 par Boris Parsy

Table des matières

I Le concours CAP MIS.. 10

    Où ?... 10

    Pour qui ?.. 10

    Les épreuves 11

II L'histoire de la Plomberie 14

    Les dates importantes 14

    Les grands noms de la plomberie 15

III L'eau 16

    La composition de l'eau 16

    Les différents états de l'eau................................... 17

    La chaine de distribution de l'eau 18

    Le tartre ou calcaire 19

IV Le secteur du bâtiment 21

    Les intervenants de la construction 22

    Les étapes d'un projet de construction 24

    La coactivité 25

    Règles de l'art, normes et réglementation dans le secteur du BTP 26

V Le métier de plombier 27

    1. Le métier 27

    L'éco-Plombier 30

    2. Les risques 31

    Les acteurs et documents de la prévention des risques.. 34

    La prévention des risques dans le secteur du BTP 37

VI Le départ de l'installation... 41

Le compteur d'eau 41

Le tube polyéthylène 42

VII L'arrivée d'eau 48

Les schémas, plans et sigles du plombier 48

Les caractéristiques hydrauliques (débit, pression, vitesse,...) 53

Déterminer les diamètres des tuyauteries en alimentation d'eau 55

Les phénomènes de perte de charges et dilatation des fluides 57

La nourrice 58

Le cuivre 60

Le PER 61

Le Multicouche 62

Les raccords cuivre, laiton et bi-matières 63

L'assemblage des métaux 66

Les gaines 67

Le calorifugeage des réseaux 68

Le savoir faire nécessaire à une installation sanitaire 69

VIII L'évacuation d'eau 73

La pente et la contre-pente 75

Les réseaux d'évacuation et d'assainissement 76

Le PVC et ses raccords 77

Le savoir-faire nécessaire à l'évacuation sanitaire 79

IX La robinetterie sanitaire 80

Le siphon 82

Le contrôle des ouvrages 83

La qualité des ouvrages 85

La première mise en service 86

X Les appareils sanitaires 87

Les normes PMR en plomberie 87

Les douches 88

Les baignoires 89

Les lavabos et lave-mains 90

Les éviers 92

Les WC 93

XI L'électricité en plomberie 95

Le circuit électrique 95

La tension électrique 97

L'intensité du courant électrique 98

La puissance électrique 98

Liaison équipotentielle et mise à la terre 99

Les outils nécessaires à un raccordement électrique ... 101

Les connecteurs à un raccordement électrique 102

XII Le ballon d'eau chaude 104

Le groupe de sécurité 105

XIII Les pannes 107

Les maintenances 107

Les pannes et les fuites 109

Panne sur douche ou baignoire 110

Panne sur lavabo ou évier 111

Panne sur WC 112

Panne sur ballon d'eau chaude 113

XIV Le gaz 114

La chaine de distribution du gaz 114

Les règles de sécurité sur une alimentation en gaz 115

Les normes de certification 116

Livre recommandé 118

Petit mot de l'auteur 119

Annexe 1 : Les équipements de protection 120

Les EPI 120

Les EPC 122

Annexe 2 : Les outils 123

Le niveau 123

Le mètre ruban 124

L'équerre et la fausse équerre 125

Le tournevis 126

Les clés 127

La lime 129

Le marteau 130

La perceuse/visseuse 131

Le pistolet à silicone 132

La meuleuse/disqueuse 133

La scie à métaux 134

La pince multiprise 135

Le coupe tube cuivre 136

Le décapeur thermique 137

La pince à sertir 138

La pince à cintrer 139

Le chalumeau.. 140

La pince à emboiture 142

La matrice et toupie 143

Le déboucheur à pompe 144

Le furet.. 145

Annexe 3 : Les accessoires 146

Les colliers, rosaces, pattes à vis................. 146

Les forets 147

La toile émeri.. 148

La colle PVC 148

La pâte et filasse.. 149

Les joints.. 150

La scie cloche... 151

Le décapant 151

La baguette de soudure (ou brasure)........... 152

Le pare flamme... 153

Les gaines 154

Les calorifuges 155

Annexe 4 : Les tubes 156

Le tube polyéthylène..................................... 156

Le PER.. 157

Le Multicouche 158

Le cuivre... 159

Le PVC 160

La fonte 160

Annexe 5 : Les raccords 161

Cuivre 161

Laiton.. 162

PVC 163

Annexe 6 : Les outils d'électricien................................ 165

La pince coupante 165

La pince à dénuder 166

La pince ampèremétrique 166

Annexe 7 : Les épreuves du CAP MIS 167

SEPTEMBRE

Ouverture des inscriptions à l'examen

L'examen se déroule entre mai et juin. Les inscriptions pour la session de l'année N ouvrent en général fin septembre ou début octobre de l'année N-1, cela dépend des académies.

OCTOBRE

Inscription à l'examen

L'inscription se fait sur le site de votre académie. Je vous explique comment vous inscrire dans cet article : ici

NOVEMBRE

Fin des inscriptions à l'examen

Les inscriptions restent ouvertes environ un mois, généralement jusqu'à mi-novembre ou fin novembre.

DÉCEMBRE

Finaliser votre inscription à l'examen

Suite à votre inscription sur le site de votre académie, vous recevez parfois un email de confirmation, parfois non, parfois vous devez renvoyer des documents, parfois non, cela dépend des académies.

JANVIER

Publication des dates des épreuves écrites

Les dates des épreuves écrites sont publiées en janvier. Vous recevez parfois un email de votre académie pour valider votre inscription à l'examen, cela dépend des académies.

FÉVRIER

MARS

AVRIL

Les premières convocations arrivent

Les premières convocations pour les épreuves pratiques commencent à arriver mi-avril car ces épreuves se déroulent de début mai à fin juin, et la convocation arrive 3 semaines à 1 mois avant votre date de passage.

MAI

Début des épreuves pratiques

Les premiers candidats passent les épreuves pratiques, et les convocations continuent d'être envoyées. Vous pouvez recevoir votre convocation jusqu'à début juin, donc pas de panique si vous ne l'avez pas encore reçue.

JUIN

Epreuves écrites et pratiques

Les épreuves écrites ont lieu au début du mois, et les épreuves pratiques continuent jusqu'à la fin du mois de juin.

JUILLET

Résultats de l'examen

Les résultats sont publiés vers la mi-juillet, vous pouvez les retrouver sur le site de votre académie.

AOÛT

I Le concours CAP MIS

Où ?

Pour vous inscrire au CAP il vous faut vous connecter sur le site des cyclades :

https://cyclades.education.gouv.fr/cyccandidat/portal/login

Pour qui ?

Le CAP MIS ou Certificat d'Aptitude Professionnelle de Monteur en Installation Sanitaire est un diplôme national délivré par le Ministère de l'Education nationale qui peut se préparer en 2 ans après la 3ᵉ sous statut scolaire ou en apprentissage.

Le CAP MIS est ouvert à tous à condition d'avoir 16 ans minimum, c'est pourquoi il existe des formations accélérées en ligne pour accéder au concours en candidat libre, ce qui convient le mieux pour les adultes en reconversion professionnelle. A noter qu'il est tout de même possible d'effectuer des stages en entreprise rémunérés depuis 2023.

Les épreuves

Les épreuves du CAP MIS sont divisées en deux parties, une partie générale et une partie professionnelle.

1. La partie générale

Les titulaires d'un BAC, BEP, CAP y sont dispensés

Elle s'articule autour de 3 Unités Générales (UG) :

UG1 : Français, Histoire-Géographie et enseignement moral et civique
UG2 : Mathématiques et sciences physiques et chimie
UG3 : Education physique et sportive
UG4 : Anglais

2. La partie professionnelle

EP1 : Etude et préparation d'une intervention
- compléter et transmettre des documents
- décoder un dossier technique d'installation sanitaire
- choisir les matériels et les outillages

EP2 : Réalisation d'un ouvrage courant
- déterminer les fournitures nécessaires à la réalisation
- organiser son intervention
- sécuriser son intervention
- réceptionner les approvisionnements
- équiper les appareils
- implanter l'installation sanitaire
- installer les supports et les appareils
- assembler et raccorder les réseaux
- contrôler le travail réalisé

EP3 : Réalisation de travaux spécifiques
- échanger et rendre compte oralement
- réaliser une mise en service
- appliquer une procédure de maintenance préventive
- effectuer une opération de maintenance corrective

Dans l'Annexe 7 il est possible de retrouver les trois épreuves professionnelles, dossier complet avec correction.

Spécialité **Monteur en installations sanitaires de CAP**	Scolaire (établissement public et privé sous contrat) **Apprenti** (CFA et section d'apprentissage habilité) **Formation professionnelle continue** (établissement public)	Scolaire (établissement privé hors contrat) **Apprenti** (CFA et section d'apprentissage non habilité) **Formation professionnelle continue** (établissement privé) **Enseignement à distance Candidat individuel**

Épreuves	Unité	Coef	Mode	Mode	Durée
EP1 : Étude et préparation d'une intervention	UP1	4	CCF *(1)*	Ponctuel écrit	3h
EP2 : Réalisation d'un ouvrage courant	UP2	9 dont 1 PSE	CCF	Ponctuel écrit et pratique	16h dont 1h PSE
EP3 : Réalisation de travaux spécifiques	UP3	2	CCF	Ponctuel oral et pratique	3h
EG1 : Français et Histoire-Géographie Enseignement moral et civique	UG1	3	CCF	Ponctuel écrit	2h15
EG2 : Mathématiques - sciences physiques et chimiques	UG2	2	CCF	Ponctuel écrit	2h
EG 3 : Education physique et sportive	UG3	1	CCF	Ponctuel	
EG4 : Langue vivante étrangère : anglais	UG4	1	CCF	Ponctuel oral *(2)*	20 min

(1) Contrôle en cours de formation ;
(2) Préparation 20 minutes

II L'histoire de la Plomberie

Les dates importantes

L'histoire du métier de plombier est une histoire ancienne, remontant à la construction des pyramides en Égypte antique ; attesté par des tuyaux en cuivre *vieux de 4 500 ans*, c'est un métier qui n'a cessé de s'améliorer et de se développer au cours des siècles.

Les villes en Grèce antique avaient leurs réseaux d'eau qui alimentaient les fontaines publiques et les installations des villas privées et des bâtiments publics.

L'apogée de la distribution de l'eau dans *l'Antiquité* est l'œuvre de Rome dans tout l'Empire romain, dont subsistent encore de nombreux vestiges*, c'est d'ailleurs de là que vient le mot plombier ou plomberie, tirés du mot latin **Plumbum** qui signifie plomb, matériau utilisé pour les tuyauteries à cette époque.*

Au VIe siècle, le métier de plombier renaît et se réoriente vers la couverture en plomb des palais puis des cathédrales, avant que ne reviennent l'alimentation des fontaines et autres jeux d'eau des châteaux de la Renaissance.

Le XIXe siècle voit lentement l'eau monter dans les immeubles, et l'arrivée du gaz à tous les étages.

Le XXe siècle est celui de l'eau pour tous dans les pays développés, dans la cuisine et la salle de bains des villes et des campagnes, où nous en sommes aujourd'hui.

Les grands noms de la plomberie

D'après Chamber's Encyclopedia
Via Wikimedia commons

Archimède : Mathématicien de Syracuse crée la vis sans fin pour faciliter le pompage de l'eau au IIIe siècle avant J.C.

Georges Fancell : De la Roche Bourgnione est à l'origine du premier robinet en 1486.

Henri III : Accorde un statut indépendant au métier de plombier à la fin du XVIe siècle.

John Harington : poète Anglais, invente le système de chasse d'eau en 1595.

Source : www.historic-uk.com

Louis XIV : distingue deux métier, celui de plombier couvreur et celui de plombier fontainiste à la fin du XVIIIe siècle.

Philippe Lebon : découvre le principe de l'éclairage à gaz hydrogène en 1791.

Source : actu.fr

Merry Delabost : médecin en chef de la prison de Rouen crée la première douche en 1873.

Thomas Campbell : invente le mélangeur (robinet avec deux têtes, une pour l'eau chaude t une pour l'eau froide) en 1880.

III L'eau

La composition de l'eau

Tout d'abord l'eau est une substance chimique constituée de molécules H_2O, donc un atome d'oxygène et de deux atomes d'hydrogène. Ce composé, très stable, mais aussi très réactif, est un excellent solvant à l'état liquide. Elle peut aussi être solide ou gazeuse.

Représentation de Lewis   Modèle 3d

Source : acces.ens-lyon.fr

L'eau est indispensable aux humains et est essentielle à la vie.

Elle est également au cœur du métier de plombier qui est chargé d'acheminer l'eau depuis le compteur général de l'habitation jusqu'aux robinets de l'installation sanitaire.

Les différents états de l'eau

L'eau connait donc trois états différents :

- *l'état liquide*, quand la température de l'eau est entre 0°C et 100°C, c'est l'état dans lequel se trouve l'eau quand elle est acheminée dans les maisons tout au long de sa distribution.

- *l'état solide*, quand l'eau arrive à une température de 0°C ou en dessous, on dit que l'eau gèle, c'est alors de la glace. Pour éviter que cela n'arrive dans les canalisations d'une habitation on parle de calorifugeage des réseaux, nous verrons cela plus tard.

- *l'état gazeux*, quand la température de l'eau excède les 100°C, on parle alors de vapeur d'eau qui est un gaz incolore et inodore.

La chaine de distribution de l'eau

L'eau pure n'existe pas dans la nature, si nous voulons la consommer il faut impérativement la traiter pour la rendre potable.

L'eau de nos robinets provient en majorité **des sources, des nappes phréatiques et dans une moindre mesure des eaux de surface**.

Cette eau, une fois puisée est traitée, on dit qu'elle est potabilisée (prise en compte de paramètres microbiologiques, chimiques et organoleptiques).

Après être potabilisée, l'eau est stockée dans des réservoirs comme des châteaux d'eau et finie par être distribuée. Distribution qui est de la responsabilité des communes qui gèrent les réseaux d'eau.

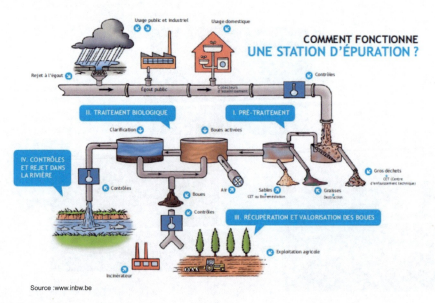

Source :www.inbw.be

Le tartre ou calcaire

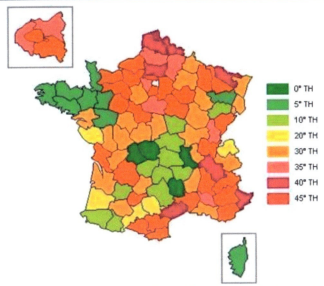

🟩	0° TH
🟩	5° TH
🟩	10° TH
🟨	20° TH
🟧	30° TH
🟥	35° TH
🟥	40° TH
🟥	45° TH

Cette eau qui est tirée par les robinets sanitaires est donc potable, mais elle n'est pas pour autant la même partout en France en effet l'eau peut être plus **dure** ou plus **douce** d'un endroit à un autre.

Les propriétés de l'eau dépendent de la nature du sol, une eau provenant des rivières, lacs, fleuves, ou nappes phréatiques vont avoir tendance à être en contact avec du calcaire, roche sédimentaire soluble dans l'eau qui se compose de carbonate de calcium et de carbonate de magnésium. Cette même eau sera donc riche en calcium et magnésium en arrivant aux robinets des appareils sanitaires.

La dureté de l'eau (ou **Titre Hydrométrique**) s'exprime en degrés hydrométriques. Un degré est égal à 10mg de carbonate de calcium par litre.

Eau douce <10 TH – 15 TH< Eau dure

Plus une eau est dure plus elle entraine des dépôts de calcaire dans les tuyauteries et les appareils (ce qu'on appelle le tartre) et ce phénomène s'accentue avec

Source : actu.fr

l'augmentation de la température de l'eau, c'est pourquoi il est conseillé de ne pas dépasser les 65°C.

Pour prévenir l'apparition du tartre dans les réseaux sanitaires il est possible d'installer des appareils tel que :

       - **l'adoucisseur d'eau** qui purifie l'eau en remplaçant les ions calcium et magnésium par des ions sodium.

       - **un filtre anticalcaire** qui permet de retenir le calcaire en début d'installation sans l'éliminer, ce système reste moins couteux et plus facile d'installation que le précédent.

Dans le cas inverse, si une eau est trop douce cela peut causer des problèmes de corrosion dans l'installation et nuire à la santé.

Adoucisseur d'eau   **Filtre anticalcaire**

IV Le secteur du bâtiment

Le secteur du BTP (Bâtiment et Travaux Publics) en France c'est :
- 1,45 millions d'emplois
- 392 000 entreprises
- 264 000 recrutements

Il regroupe toutes les entreprises menant des projets de construction et participant à l'aménagement des bâtiments qui en découlent.

Parmi les métiers du bâtiment nous avons :

- **Le coordinateur de travaux** qui est chargé d'encadrer les équipes sur les chantiers et assurer la bonne exécution des travaux par les prestataires extérieurs

- **le conducteur de travaux**, travaille étroitement avec les chefs de chantier mais est supérieur hiérarchiquement, il supervise le bon déroulement des travaux

- **le chef de chantier**, il est responsable d'une partie ou de l'ensemble du chantier et veille à son bon déroulement, de sa mise en place à son achèvement, il supervise les équipes sur le chantier et dépend du conducteur de travaux

- **le dessinateur BTP**, réalise les plans et les dessins d'un bâtiment à partir du dossier qui lui est remis et est chargé de les modifier si des problèmes apparaissent lors du chantier

- **l'électricien**, il assure l'installation et la maintenance d'un ou plusieurs systèmes électriques

- **le plombier**, il installe, répare et entretient les canalisations et les appareils sanitaires

- **le plaquiste**, il aménage l'intérieur d'une construction immobilière en suivant les plans des maîtres d'œuvre/de l'architecte et les ordres du conducteur de travaux

- **le poseur de menuiseries**, il installe les différents types de fermetures (bois, PVC, aluminium...) en intérieur ou en extérieur

- **le terrassier**, premier à œuvrer sur le chantier, il travaille sur des terrains où doit être construit un bâtiment, une maison, une route ou un trottoir et creuse des fondations ou des tranchées

- **le maçon**, il construit les fondations ainsi que les structures verticales et horizontales du bâtiment

- **le chargé d'affaires BTP**, il est chargé de respecter les budgets ainsi que les délais, et d'assurer le contact constant avec les équipes travaillant sur le projet de construction

Les intervenants de la construction

Les intervenants de la construction : ce sont ceux qui, d'une manière ou d'une autre (idée, plans, réalisation, ...) prennent part au projet.

Dans un projet de construction **il y a 6 intervenants** :

- **le maitre d'ouvrage,** commande les travaux, défini les besoins du projet de construction et ceux du cahier des charges associé, et prend la décision finale

- **l'architecte**, conçoit les plans en lien avec les demandes du maître d'ouvrage

- **le maitre d'œuvre**, assure le suivi et la coordination des travaux en veillant à respecter les délais et les budgets alloués pour le chantier, peut assister le client dans le cadre des formalités administratives et apporter son assistance technique pour la réception des travaux

- **le contrôleur technique,** le maître d'ouvrage peut faire appel à un contrôleur technique pour contrôler la solidité et au confort des ouvrages

- **le coordonnateur SPS**, toujours présent en cas de projet de construction de grande ampleur, il prévient des risques issus de la coactivité entre entreprises

- **les entrepreneurs**, sont chargés de réaliser les travaux selon leur corps de métier

Les étapes d'un projet de construction

Maintenant que nous connaissons les principaux acteurs de la construction, nous pouvons nous intéresser aux étapes que ces acteurs réaliseront sur le chantier, de la conception du projet à la livraison du produit fini au client.

Divisées en 3 parties, ces 9 étapes se situent comme cela :

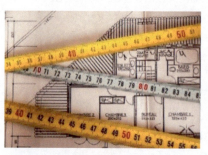

1. La préparation

- La conception du projet
- L'obtention du permis de construire
- le projet, consultation des entreprises

2. La construction

- Le lancement
- Les fondations, gros œuvre
- La couverture du bâtiment
- La partie technique de la construction (électricité, plomberie)

3. Les finitions
- Le second œuvre et finitions
- La réception des travaux par le client

C'est pendant les phases de construction et de finition que le plombier est présent sur le chantier et comme nous pouvons le remarquer, il est loin d'être seul quand il opère. Nous allons donc à présent parler de la coactivité.

La coactivité

La coactivité : c'est la réalisation de plusieurs activités différentes en même temps sur un même site.

Il y a donc des interférences d'installation, de matériel et d'activités, par exemple un plombier et un électricien peuvent être prévus en même temps sur un chantier, pendant que l'un pose ses arrivées d'eaux l'autre tire ses câbles électriques, il y a donc une interférence d'activité et d'installation à ce moment, et parce que chacun d'entre eux ont ramené leur matériel d'installation ainsi que leurs outils, il y a une interférence de produits.

Il est du devoir de chacun de travailler proprement, de ranger ses outils et nettoyer son endroit de travail à la fin de chaque journée ce qui permet de prévenir les risques d'accident, travailler plus efficacement et surtout respecter le client ainsi que les autres corps de métier.

Nous reparlerons un peu plus tard de la prévention des risques sur le chantier au chapitre dédié.

Règles de l'art, normes et réglementation dans le secteur du BTP

<u>Les règles de l'art</u> : ce sont l'ensemble des normes et techniques conformes au secteur de la construction, elles sont toutes rassemblées dans les DTU (Documents techniques Unifiés)

<u>Les normes</u> : ce sont l'ensemble des solutions aux problèmes techniques ou commerciaux liés à des produits, la liste des normes du BTP est disponible auprès de l'AFNOR (Association Française de Normalisation), pour le BTP les normes commencent par la lettre P.

Elles commencent par les lettres NF (normes françaises) et ensuite vient le P du BTP comme :

NF P 0X-XXX : Généralités
NF P 1X-XXX : Terrasse, maçonnerie, béton
NF P 2X-XXX : Charpente, menuiserie, serrurerie
NF P 3X-XXX : Couverture, bardage
NF P 4X-XXX : Plomberie, sanitaire
NF P 5X-XXX : Chauffage, ventilation
NF P 6X-XXX : Sols, revêtements, cloisons
NF P 7X-XXX : Plâtrerie, vitrerie, isolation

Source : www.ffbatiment.fr

<u>La réglementation</u> : c'est l'ensemble des lois, textes, décrets à respecter en plomberie.

A noter que les normes Européennes passent au-dessus des normes françaises.

V Le métier de plombier

Au vu de l'évolution grandissante du secteur de BTP ces dernières années, les chantiers ne manquent pas pour le plombier. La demande des entreprises est d'autant plus pressante qu'elles ont du mal à trouver du personnel qualifié. Les candidats qui se présentent avec une double formation (plombier-chauffagiste, plombier-couvreur ou plombier-zingueur) sont particulièrement appréciés des employeurs et avec de belles perspectives d'évolution en tant que chef de chantier ou conducteur de travaux.

Ici nous parlerons principalement de la partie la plus importante du plombier, *la mise en installation sanitaire*.

1. Le métier

Spécialiste des installations sanitaires le plombier s'inspire des plans de l'architecte pour étudier la localisation des appareils, le parcours des canalisations et la conformité de l'ensemble aux normes de sécurité. Il peut être amené à effectuer lui-même des relevés pour établir les schémas d'installation.

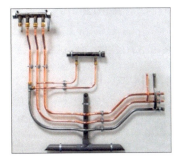

Le plombier est à la charge de l'acheminement ainsi que la livraison des réseaux de fluides tel que

- **l'eau froide sanitaire**, du compteur d'eau général aux appareils sanitaires

- **l'eau chaude sanitaire,** du compteur d'eau froide vers le ballon d'eau chaude puis vers les appareils sanitaires

- **le gaz**, du compteur vers le chauffe-eau sanitaire, puis vers le four ou plaque de cuisson

- **les eaux de pluviales**, dans certain cas quand le propriétaire veut récupérer les eaux de pluies pour alimenter la machine à laver ou le toilette

- **les RIA** (robinets d'incendie armé), qui permet de lutte contre les départs de feu, le RIA est obligatoire dans les lieux recevant du public ou dans certains immeubles.

Pour mener à bien cela, le plombier trace des repères le long des murs et des planchers, il perce les trous nécessaires à la pose des conduites. Puis il façonne les tuyauteries en coupant les tubes aux dimensions voulues. La soudure permet de les relier entre eux, ou de les connecter aux appareils sanitaires.

Une fois le système installé, le plombier vérifie l'étanchéité et l'isolation. Si aucune fuite n'est décelée et que tout fonctionne bien, il peut poser les appareils sanitaires (baignoire, lavabo, évier...), procéder aux raccordements électriques de ceux-ci et à leur réglage et à la mise en service.

Le plombier effectue autant les dépannages, remplacements d'appareils sanitaires que des installations longues dans des immeubles neufs ou en rénovation.

Les compétences du plombier :

- la disponibilité (assurer des dépannages à heures tardives ou jours fériés)
- le bon relationnel (pour pouvoir rassurer le client, expliquer un devis, ...)
- la remise en question (au vu des évolutions technologiques actuelles)

Où exercer :

Le plombier peut exercer sous différents statuts,
- en tant qu'artisan installé à son compte
- en tant que salarié d'une entreprise de bâtiment

Pas toujours seul :

La plupart du temps le plombier est amené à travailler chez les particuliers seul ou accompagné d'un apprenti, mais il est également, comme vu précédemment, sollicité pour l'installation complète des réseaux et des appareils sanitaires lors des chantiers de construction, dans ce cas il doit travailler au sein d'une équipe et coordonne son travail avec celui des ouvriers des autres corps du bâtiment (la coactivité).

L'éco-Plombier

En plus d'être responsable de la mise en installation sanitaire, le plombier est responsable des déchets qu'il engendre. Pour limiter son impact sur la planète il doit adopter une attitude éco-responsable pendant ses prestations.

Cela consiste à, principalement trier et recycler ses déchets mais aussi à gérer le matériel qu'il utilise c'est-à-dire bien choisir quelle partie de matériel utiliser pour éviter d'avoir un trop grand nombre de chutes inutilisables et donc une trop grande perte, que ce soit de matériel mais aussi d'argent.

Un plombier qui agit de manière éco-responsable limite donc le nombre de déchets qu'il engendre, un nombre de déchets moindre laisse donc plus de place aux différentes activités de chacun sur un chantier et favorise alors la coactivité et l'entente entre chaque corps de métier.

Ce qui par ailleurs permet d'éviter les risques sur un chantier.

Ce qui laisse place à la deuxième partie du chapitre sur le métier de plombier, celui lié aux risques.

2. Les risques

En effet, bien que passionnant, le métier de plombier est comme les autres métiers du BTP, il n'est pas sans risques.

Et comme on dit mieux vaut prévenir que guérir !

Le métier de plombier est exposé à 3 types de risques, les risques physiques, chimiques et biologiques.

• **Les risques physiques** sont nombreux, lors d'une installation d'appareils sanitaire par exemple comme un lavabo, une baignoire, WC ou autre, le plombier est amené à porter une charge lourde et encombrante dans des espaces parfois assez confinés. Le plombier est aussi fréquemment amené à installer des tuyaux dans le sol ou proche de celui-ci où à des endroits souvent exigus ou restreints, ce qui l'amène à être très souvent dans des postures inconfortables (à genoux, allongé, en torsion, courbé, ...) et avec une grande sollicitation des bras, souvent tendus. Ce qui cause donc des risques liés aux postures, tel que des tendinites ou douleurs aux genoux, coudes, lombaires et cervicales.

Ces risques posturaux ne sont pas les seuls risques physiques de ce métier, il existe aussi des risques dits accidentels, le plombier peut chuter à cause de sols humides, se cogner, se couper avec énormément d'outils différents ou même se brûler pendant une soudure. Enfin il ne faut pas oublier qu'il y a tout aussi un risque d'électrocution en cas de travail proche d'appareils électriques défectueux par exemple.

Les risques chimiques apparaissent quant à l'utilisation ou à l'exposition des produits chimiques tel que les colles PVC, résines époxy, dégraissants ou pendant le soudage ou le débouchage de canalisations, parfois dans des espaces clos où l'air circule peu, l'inhalation te le contact physique de fumées (gaz ou vapeurs), de COV (composés organiques volatils) ou gaz de fermentations peuvent être fréquents.

Le fait d'être au contact de ces produits peut exposer à des problèmes pulmonaires graves et cutanés divers et nombreux tel qu'Eczéma, urticaire, asthme, cancers, ...

Sans oublier les matériaux tel que l'amiante, bien qu'interdite en France depuis 1977, il en reste énormément dans les anciennes constructions, on en retrouve dans les cloisons, les dalles, les tuyauteries ou les joints. Casser de l'amiante expose à des fibres d'amiante, invisibles et qui, inhalées peuvent se déposer sur les poumons et créer de très graves problèmes.

Le plomb, lui, est interdit depuis 1995 mais comme l'amiante nous pouvons toujours en retrouver dans nos maisons car celui-ci était très utilisé pour la réalisation de canalisations d'eau ou de peintures au début du XXe siècle. Les problèmes liés au plomb tel que le saturnisme peuvent apparaitre en cas d'une exposition régulière à celui-ci.

Concernant le plomb et l'amiante on parle de risque CMR (cancérogènes mutagènes et toxique pour la reproduction)

 • **Les risques biologiques** du plombier existent, car dans son métier il doit certaines fois travailler dans des milieux humides, confinés, en sous-sol ou proche d'ordures ménagères qui favorisent le développement d'agents infectieux ou la prolifération de rats. Le séjour prolongé dans ces milieux ou le contact avec des eaux usées et sanitaires contenant des micro-organismes, expose les plombiers à une grande variété d'agents biologiques pathogènes tel que des infections parasitaires, des hépatites, le tétanos, la leptospirose (infection virale en cas de contact avec la déjection de rat) ou même la légionellose.

Pour prévenir et parvenir à éliminer au maximum ces risques au travail préserver la santé et la sécurité des salariés il existe un ensemble de personnes et d'organismes, **ce sont les acteurs de la prévention des risques**, qui mettent en place certaines conditions pour le travail : **les documents de la prévention des risques.**

Les acteurs et documents de la prévention des risques

Les acteurs de la prévention des risques peuvent être intra-entreprise (dans l'entreprise) tel que :

- **L'employeur**, qui est dans l'obligation de prévenir et d'agir sur les risques présents grâce au DUER, document qu'il aura lui-même mis en place.

- **Le manager**, forme aux règles d'hygiène et de sécurité, c'est aussi lui qui explique les problèmes présents sur le chantier à la direction.

- **Le service médical**, veille à ce que tout se passe bien sur le plan physique et moral.

- **Le CSE (comité économique et social)**, qui protège les employé, composé de délégués du personnel, comité d'entreprise et comité d'hygiène, de sécurité et des conditions de travail.

Ils peuvent aussi être extra-entreprise (en dehors de l'entreprise) comme :

- **L'ANAC (agence nationale pour l'amélioration des conditions de travail)**, qui promouvoir la santé au travail avec l'ergonomie des postes par exemple.

- **La médecine du travail** qui veille à ce que le poste soit adapté au salarié au moment de la visite médicale.

- **L'Institut National de Recherche et de Sécurité (INRS)**, qui se sert de trouver les problèmes liés à certains postes et de diffuser les moyens de prévention.

- **L'Assurance maladie** qui, agit pour réduire au maximum les risques au travail.

<u>Pour les entreprises du BTP il y a 3 grands documents mis en place pour prévenir les risques au travail, ce sont :</u>

- **Le DUERP (document unique d'évaluation des risques professionnels),** comme vu précédemment ce document est mis en place par l'employeur, il est obligatoire dans toute entreprise ayant au moins un salarié. Il a pour objectif d'améliorer la sécurité et la santé physique et mentale des travailleurs.

- **Le PPSPS (plan particulier de sécurité et de protection de la santé)**, réalisé par le responsable de l'exécution des travaux, il est obligatoire sur un chantier où plusieurs entreprises travaillent en coactivité. Ce document explique à tous les risques de chacun des corps de métier présents sur le chantier.

J'analyse le PGC et je commence la rédaction de mon PPSPS

Je participe à l'inspection commune

Je fais un accueil simple et rapide sur chantier

Je m'informe sur le PPSPS

Je rédige mes modes opératoires

Je finalise la rédaction de mon PPSPS et je le diffuse

Source : www.preventica.com

- **Le DIUO (dossier d'intervention ultérieure sur l'ouvrage),** *document obligatoire dès existence d'au moins deux entreprises différentes sur chantier et d'un coordinateur de sécurité et protection de la santé.* Remis au maitre d'ouvrage à la fin du chantier, il rassemble toutes informations relatives à la maintenance et entretien des ouvrages en toute sécurité. On pour par exemple y voir les réseaux d'arrivée d'eau, des plans, des photos, etc.

La prévention des risques dans le secteur du BTP

De la petite coupure à la chute d'un étage en passant des brûlures ou électrocution, les risques dans les métiers du bâtiment sont nombreux. Ils sont soit créés par l'utilisation d'outils dangereux, soit par rapport à l'environnement de travail mal entretenu, donc dangereux. Pour prévenir ces risques courants il y a plusieurs choses mises, ou à mettre en place.

Le port des EPI *(ANNEXE 1)*

Les EPI sont les équipements de protection individuelle, dispositif ou un moyen destiné à être porté ou être tenu par une personne en vue de la protéger contre un ou plusieurs risques susceptibles de menacer sa santé ainsi que sa sécurité.

Quand on parle d'EPI on parle de :

- **Les lunettes de protection**, protège les yeux contre les projections ou les éclats lors des découpes, mais certaines aussi contre l'intensité lumineuse lors du soudage.

- **Le casque de chantier** protège la tête contre les chutes d'objets ou les chocs.

Ils ont une durée d'utilisation entre 2 à 4 ans.

- **Le casque anti-bruit** ou bouchons d'oreilles protègent les oreilles de tous types de bruits sur le chantier.

- **Les chaussures de sécurité** protègent les pieds contre des chutes d'objets, des cognements ou les perforations grâce à leurs coques à l'avant du pied et certaines fois à l'arrière du pied.

- **La tenue de manutention** protège le corps contre tous types de blessures (coupures, chocs, ...) et protège du contact avec certains produits nocifs.

- **Le masque** protège les poumons et voies respiratoires contre les poussières et les produits dangereux. Attention il existe plusieurs types de masques selon les produits avec lesquels on est amené à être en contact.

- **Les gants de manutention** protègent les mains contre les coupures, chocs ou le contact avec des produits nocifs, certains sont même isolés pour éviter les mauvaises surprises pendant la manipulation de câbles électriques.

L'installation des EPC sur chantier *(ANNEXE 1)*

Les EPC sont les Équipements de Protection Collectifs qui ont pour objet de mettre en œuvre une protection collective du personnel contre un risque déterminé susceptible de menacer leur santé ou leur sécurité.

Ici il est donc question de :

- **Les gardes corps :** dispositif servant à prévenir des chutes en cas de travail en hauteur.

- **Les filets de protection antichute :** sert à éviter les chutes autant pour les ouvriers que pour leurs outils.

- **Le balisage pour chantier :** pour prévenir les artisans et les passants de la présence de zones dangereuses.

- **Les tapis anti-dérapants :** ils ont pour utilité d'éviter les glissades à cause d'eau ou de produits chimiques

- **L'extincteur de chantier :** utile en cas d'incendie sur le chantier

Travailler proprement sur le chantier

Ce qui signifie :

- **Organiser son espace de travail** (ne rien laisser trainer qui pourrait entrainer des chutes ou des coupure).

- **Ranger son espace de travail** tous les soirs avant de partir (pour laisser un maximum de place aux autres qui arriveront le lendemain).

- **Balayer le sol** pour éviter les chutes.

Former et être formé

Il existe des formations tel que :

- **La formation aux gestes et postures**, qui conseillent sur les postures à adopter selon le travail effectué.

- **La formation PRAP** (Prévention des risques liés à l'activité physique), permettant aux salariés d'avoir un pouvoir sur l'amélioration des conditions de travail.

- **La formation SST** (Sauveteur secouriste au travail), qui forme aux gestes de premiers secours en cas d'accident sur chantier en attendant l'arrivée des secours.

VI Le départ de l'installation

Maintenant que nous avons vu en quoi consistait le métier de plombier, il est temps de passer aux choses concrètes, c'est-à-dire le véritable rôle du plombier, la mise en installation sanitaire.

Le compteur d'eau

Comme nous l'avons vu précédemment le plombier est responsable de l'installation sanitaire **après** le compteur d'eau, ce qui veut dire qu'il commence son installation juste après celui-ci.

Le compteur d'eau est un appareil destiné à évaluer la consommation d'eau, s'il est récent il indique directement le nombre de mètres cube consommés alors que s'il est ancien, la consommation est indiquée par les aiguilles sur des cadrans, il faut alors additionner les quantités indiquées pour obtenir la consommation totale.

Ce compteur est composé de deux raccords filetés mâle et est précédé d'un robinet d'arrêt général qui appartient à la compagnie des eaux.

L'eau est acheminée par des tuyaux en polyéthylènes (avec une bande bleue pour signaler que c'est bien pour le transport d'eau) de 32 ou 40 (en mm, ce qui correspond au diamètre extérieur du tube.

Le tube polyéthylène

Le polyéthylène (PE) ou polyéthylène haute densité (PEHD) est un matériau très utilisé partout dans le monde depuis son invention dans les années 50 notamment en plomberie pour l'alimentation générale en eau du domicile avant compteur (mais aussi pour l'arrosage). Il est le plus souvent enterré en extérieur.

Il existe plusieurs couleurs de tubes PEHD pour un domicile en fonction de son utilisation,

> - noir à traits bleu pour l'eau potable

> - noir à traits jaune pour le gaz

L'avantage de ce type de type est qu'il est peu cher, très résistant, assez souple, résiste aux grosses pressions, résiste au gel et à une grande durée de vie. Il est vendu sous forme de couronnes ou de tubes droits.

En revanche le seul inconvénient que l'on pourrait lui trouver est la complexité qu'il y a de le raccorder à un autre tuyau.

Après ce compteur d'eau, tout ce qui sera installé sera du domaine privé.

Si le compteur d'eau est installé en dehors de la maison sous une trappe par exemple il est fort possible que le tuyau arrivant à l'intérieur de cette maison soit aussi en polyéthylène.

Dès le départ de l'installation il y a trois appareils à installer obligatoirement.

1) Un robinet d'arrêt général

Le robinet d'arrêt général, ici posé après compteur sert à couper l'eau en cas de problème dans l'installation (fuite ou autre).

2) Un clapet anti-pollution

Le clapet anti-pollution est un appareil qui sert à éviter des retours d'eau présents dans la tuyauterie du domaine privé vers le domaine public. Il est composé d'un écrou libre avec donc filetage femelle et d'un filetage mâle, peut être équipé directement d'une vanne qui servira de robinet

d'arrêt général et est composé d'un clapet anti-pollution. C'est lui qui permet, à l'arrêt du puisage d'isoler l'eau présente dans le circuit de la maison en se fermant et donc de ne pas refluer vers le domaine public.

3) Un robinet de purge

Le robinet de purge peut être intégré au clapet antipollution, il sert à vidanger l'installation en cas de besoin (fuite par exemple).

C'est pour faciliter la purge qu'il est d'ailleurs conseillé, dans le DTU, de **donner aux canalisations d'arrivée d'eau une légère pente descendante de 2mm par mètre VERS le robinet de purge**.

En plus de ces équipements obligatoires il en existe d'autres, non obligatoires mais qui, si installés, permettent un meilleur confort et une meilleure qualité de l'eau.

Parmi ces équipements nous avons :

Le réducteur de pression

Comme son nom l'indique il est utile pour réduire la pression de l'eau dans les canalisations, en cas de pression élevée du réseau public. Sans son installation, les tuyaux peuvent faire du bruit et il peut y avoir des coups de bélier au moment de la fermeture des robinets. Coups de bélier qui nuisent à l'installation et qui, à terme peuvent la détériorer.

Il existe deux types de réducteurs de pression, le réducteur de pression préréglé qui assure une pression de 3,5 bars dans le circuit ou alors le réducteur de pression manuel (réglables) qui permettent de choisir la pression voulue.

A savoir la pression optimale de l'eau se situe aux alentours de 3 bars et ne doit pas dépasser les 5 bars pour assurer un bon confort d'utilisation et éviter de détériorer les réseaux et les appareils sanitaires.

Le surpresseur

A l'inverse du réducteur de pression, le surpresseur doit être installé quand il y une pression trop faible dans le réseau. Pour vérifier cela il suffit d'installer un manomètre sur le robinet qui parait avoir le moins de pression, en règle générale il doit indiquer un chiffre en 2 et 4.

C'est dans le cas où le manomètre indiquerait moins de 0,5 bar de pression qu'il est nécessaire d'installer un surpresseur.

Le surpresseur peut être composé ou non d'un réservoir, mais est tjr composé d'une pompe qui a la propriété de s'activer immédiatement à l'ouverture d'un robinet.

Malheureusement il présente le désavantage d'être énergivore en électricité et assez bruyant quand il est actif, c'est pourquoi il est préférable de l'installer sur des silent blocs.

Les filtres anti-boue, anti-goût et anti-odeurs (en by-pass)

Ces types de filtres se présentent sous forme de gobelets en plastique ou en verre avec, à l'intérieur, une cartouche en nylon, en polypropylène ou même en coton, responsables de l'arrêt des impuretés de l'eau. Ces cartouches peuvent être lavables ou retables.

Attention, les impuretés ne sont pas complètements éliminés mais uniquement stoppées par le filtre c'est pourquoi il est essentiel de le changer à une fréquence adaptée.

Quand on parle d'impureté on parle de sable ou de boues qui peuvent être acheminées dans les réseaux d'arrivée d'eau au moment d'éventuels travaux sur voie publique par exemple.

Ce sable ou ces boues, en contact avec le calcaire ou les appareils sanitaire (chauffes eau par exemple) du logement sont responsables de bon nombre de désagréments.

Ces filtres sont assez faciles d'installation car ils présentent des filetages sur le haut du gobelet, ils sont aussi facile d'entretien car ils doivent être toujours installés en **by-pass**.

Le by-pass : c'est le fait d'installer un appareil en dérivation, ce qui facilite son entretien. Permet de continuer d'alimenter le logement en eau sans devoir couper le robinet général et vidanger toute l'installation.

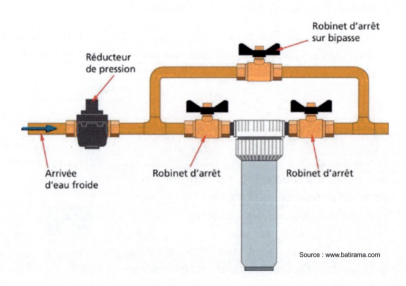

46

L'antitartre ou adoucisseur d'eau (en by-pass)

Comme nous avons pu le voir dans le chapitre sur l'eau, celle qui arrive dans notre logement peut être chargée en calcaire (dure).

Pour lutter contre ce calcaire dans les réseaux d'eau d'un logement donc également éviter l'entartrage des appareils sanitaires, il est nécessaire d'installer un dispositif permettant de stopper le tartre.

Le plus facile d'installation et le moins cher est l'antitartre avec polyphosphates qui se compose exactement comme les filtres vu précédemment à la différence qu'il se compose de polyphosphates qui servent à maintenir le calcaire en suspension dans l'eau. Ce système nécessite donc également un entretien régulier selon la dureté de l'eau.

Il existe aussi d'autres systèmes antitartres mais beaucoup plus cher tel que l'antitartre magnétique ou l'antitartre électronique.

VII L'arrivée d'eau

Maintenant que vous avez connaissance de la base, comment arrive l'eau et comment on peut la gérer et la traiter à titre individuel (pour un logement) nous allons pouvoir passer à l'acheminement de l'eau jusqu'aux robinetteries.

Mais avant, il y a quelques dernières notions à connaitre pour ne pas partir à l'aveugle.

Les schémas, plans et sigles du plombier

En effet avant de commencer sur un chantier en construction ou en rénovation, le plombier obtient certains plans auquel il doit se référer absolument pour l'installation des robinetteries ou des appareils sanitaires tel que :

- **le plan de niveau** : dessin du logement vu du dessus et à l'échelle, il représente les pièces de l'habitation, la disposition des appareils sanitaires, leurs évacuations, le passage des tuyaux pour l'arrivée sanitaire et leur format.

Ce plan est très utile pour avoir une vue d'ensemble sur les appareils sanitaires, leurs emplacements, l'espace, ...

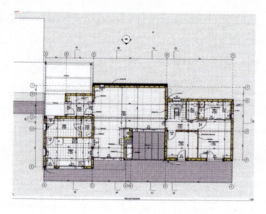

- **le plan de coupe :** dessin de l'intérieur du logement, en vertical ou horizontal.

Ce plan montre les équipements sanitaires étage par étage et les tuyaux d'arrivée d'eau les alimentant avec leurs diamètres.

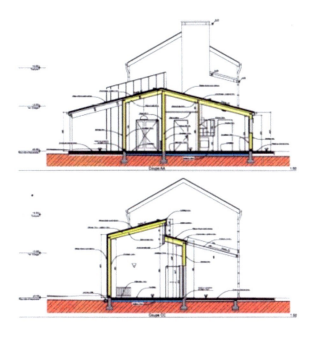

Sont également fournis au plombier les plans de masse, général, et le plan 3D mais moins utilisés car trop peu détaillés, néanmoins il est toujours bon d'y jeter un œil.

Concernant ces plans, les appareils sanitaires et autres accessoires sont représentés sous forme de sigles qu'il faut absolument connaitre pour ne pas se tromper sur chantier et également gagner du temps.

Ces sigles les voici :

Désignation	Désignation	Désignation	Désignation
Evier 1 bac + 1 égouttoir	Compteur	Manchon D-G	Surpresseur
Baignoire : cela permet de situer le vidage et donc la robinetterie	Vanne d'arrêt manuelle	Manchon D-D	Anti-bélier
Receveur de douche : attention à la position de la bonde	Soupape de sécurité	Compteur volumétrique	Groupe de sécurité sanitaire
Lavabo	Clapet anti-retour avec sens de circulation du fluide	Radiateur	Clapet anti-pollution
Vasque sur meuble	Pompe avec sens du fluide	Purgeur automatique	
WC	Vidange siphonnée	Thermomètre	
Bidet	Robinet de puisage	Manomètre	
Cheminée	Vanne de réglage	Réducteur de pression	
Gazinière	Croisement sans mélange (chapeau de gendarme)		

Par ailleurs il y a beaucoup d'abréviations utilisés sur tous les plans, celles-ci sont aussi à connaitre :

Eau Usée	EU
Eau Vanne	EV
Eau pluviale	EP
Chauffe-eau électrique	CEE
Eau chaude sanitaire	ECS
Eau froide	EF
Robinet incendie armé	RIA
Ventilation mécanique contrôlée	VMC
Ventilation haute	VH
Ventilation basse	VB
Document technique unifié	DTU
Débit	Q
Vitesse	V
Pression	P
Mètre de colonne d'eau	mCE
Section	S
Cuivre	Cu
Polychlorure de vinyle	PVC
Polyéthylène Haute Densité	PEHD
Polyéthylène réticulé	PER
Pouce	"
Diamètre	Ø
Professionnel Gaz Naturel	PGN
Professionnel Gaz Propane	PGP
Robinet à Obturateur Automatique Intégré ROAI	ROAI
Porte pleine	PP
Règlement appel d'offre	RPAO
Cahier des clauses techniques et particulières	CCTP
Etablissement recevant du public	ERP
Pouvoir calorifique inférieur	PCI
Pouvoir calorifique supérieur	PCS
Equipement de protection individuelle	EPI
Vérificateur d'absence de tension	VAT
Eau destinée à la consommation humaine	EDCH
Pompe à chaleur	PAC
Bâtiment et travaux publics	BTP
Organisme professionnel de prévention du bâtiment et des travaux publics	OPPBTP

Ensuite il existe aussi des schémas, qui représentent l'installation sanitaire, du compteur d'eau aux appareils sanitaires en passant par chaque tuyau d'eau froide ou d'eau chaude.

Le schéma le plus répandu est celui en pieuvre ou on installe une nourrice pour rediriger une arrivée d'eau froide vers plusieurs appareils sanitaires pour les alimenter chacun et il en est de même pour l'eau chaude.

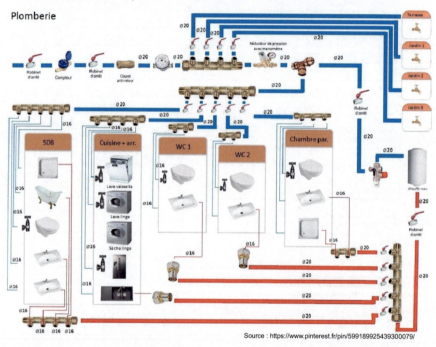

Source : https://www.pinterest.fr/pin/599189925439300079/

Il existe également le schéma du plan en repiquage, qui ne nécessite pas l'utilisation de nourrice, et qui est plus compréhensible pour les débutants comme celui-ci.

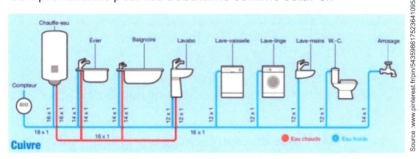

Les caractéristiques hydrauliques (débit, pression, vitesse,...)

Quand on parle de caractéristiques hydrauliques, on parle des techniques qui impactent directement le choix du diamètre (ou de la dimension) des tuyaux pour l'eau chaude sanitaire (ECS) ou l'eau froide sanitaire (EFS).

Les 3 principales caractéristiques prises en comptent au moment de l'installation sanitaire sont :

- **le débit de l'eau**, qui correspond à la quantité d'eau qui circule en un temps donné, en litre par seconde (l/s). Sachant que le compteur d'eau doit être alimenté par une canalisation d'assez gros diamètre car celle-ci sera réduite à chaque branchement d'appareil de puisage.

Une alimentation d'eau froide générale de 32 (en mm correspondant au diamètre extérieur du tube) arrivant par exemple sur une nourrice qui redirigera l'eau vers trois appareils sanitaires à l'aide tubes multicouche par exemple de diamètres 20, 20 et 16 simultanément.

Il est bon de connaitre le débit de l'eau pour dimensionner une canalisation, et pour mesurer le débit d'un réseau il faut utiliser la formule mathématique suivante :

Q (débit) = Vitesse de passage du fluide (m/s) x Section de la canalisation (m^2)

Pour ce calcul il est donc nécessaire de connaitre la vitesse de l'eau

     - **la vitesse de l'eau** calculée en mètre par seconde et sa formule mathématique est la suivante :

V (vitesse) = Racine carrée du diamètre de la canalisation divisé par 50

     - **la pression de l'eau**, c'est la force de l'eau qui agit sur les canalisations, elle se mesure en bar grâce à un manomètre qui se visse sur un robinet qu'il faut ouvrir à fond. Comme vu précédemment la pression conseillée est d'environ 3 bars, en dessous il y a un manque de confort et au-delà un risque pour les appareils sanitaires du logement.

En plus de ces caractéristiques, il y a aussi à prendre en compte la dureté, la température et la salinité de l'eau. Nous avons déjà répondu aux problèmes que posait ces caractéristiques précédemment.

Déterminer les diamètres des tuyauteries en alimentation d'eau

Pour assurer une bonne distribution d'eau à chaque appareil sanitaire il faut respecter des diamètres minimaux (intérieurs) qui fourniront la distribution idéale.

Pour chacun des appareils sanitaires il existe un débit minimal en litre par seconde à respecter comme ceci :

Diamètre extérieur des canalisations d'alimentation			
Appareil sanitaire	Débit minimal		Diamètre intérieur minimal (mm)
	EF (l/s)	EC (l/s)	
Evier	0,20	0,20	12
Lavabo	0,20	0,20	10
Bidet	0,20	0,20	10
Baignoire	0,33	0,33	13
Douche	0,20	0,20	12
Robinet de puisage 1/2	0,33		12
Robinet de puisage 3/4	0,42		13
WC	0,12		10
Lave-mains	0,10		10
Lave-linge	0,20		10
Lave-vaissele	0,10		10

Il faut donc prendre la canalisation qui a un diamètre correspondant ou directement supérieur, **attention ici on parle bien du diamètre intérieur de la canalisation**.

Si toutefois si une canalisation doit alimenter plusieurs appareils sanitaires il ne faut pas simplement additionner les diamètres nécessaires à chaque appareil mais il faut faire un calcul complexe pour trouver le diamètre nécessaire à la canalisation principale.

Il faut :

- regarder le tableau suivant pour déterminer le coefficient de chaque appareil et additionnez ces coefficients

Appareil sanitaire	Coefficient
Evier	2,5
Lavabo	1,5
Bidet	1
Baignoire - 150l	3
Baignoire + 150l	3 + 0,1 par tranche de 10l
Douche	2
Robinet de puisage	2
WC	0,5
Lave-linge	1
Lave-vaissele	1

- voir sur ce graphique le diamètre intérieur minimal à sélectionner pour chaque somme de coefficient à l'intersection de la courbe.

Par exemple pour un bidet, un lavabo et un lave-linge on est à 3,5 de coef cumulé, et en le rapportant au graphique on voit que l'intersection de la courbe pour 3,5 est à environ 13,2 qui correspond au diamètre intérieur minimum du tuyau à sélectionner, ici on prendra alors un tube multicouche de **14/16 ou 16-1** (16 correspond au diamètre extérieur du tube et 14 au diamètre intérieur) vu qu'on arrondi au supérieur.

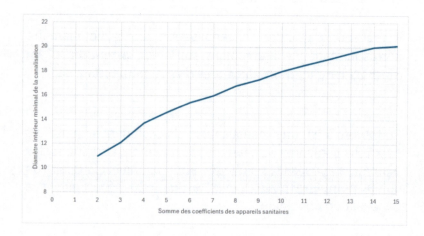

56

Les phénomènes de perte de charges et dilatation des fluides

Phénomène mécanique faisant perdre de la pression aux fluides qui traversent les tuyauteries. A cause d'obstacles, comme les Té, les coudes, etc, quand le fluide ici l'eau frotte le long des parois des tuyaux.

Nous connaissons deux types de perte de charge :

- **La perte de charge singulière,** quand le fluide rencontre des perturbations lors de son écoulement, ce qui le ralenti, dans un coude par exemple, après une réduction de diamètre des tuyaux ou tout obstacle qu'il rencontre.

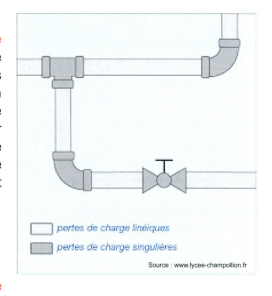

Source : www.lycee-champollion.fr

- **La perte de charge linéique**, quand le fluide traverse de longs tuyaux, la rugosité ce ceux-ci impactent la vitesse le passage du fluide et donc le ralenti, ce qui crée une baisse de pression. Ici aucun obstacle n'est en cause de la perte de pression du fluide.

Il faut donc prendre en compte ce phénomène de perte de charge lors du choix des diamètres des tuyauteries car en plomberie ce phénomène est très important.

Maintenant que nous sommes capables de déterminer les diamètres des tuyaux à utiliser selon l'appareil ou les appareils à alimenter passons à l'objet qui servira à distribuer l'eau, diviser la seule arrivée d'eau qu'il y a pour l'instant et alimenter chacun des appareils.

Cet objet c'est la nourrice.

La nourrice

Connecteur rattaché au tuyau d'arrivée d'eau, permet d'approvisionner chacun des appareils sanitaires en eau grâce aux multiples connexions dont elle dispose.

Dans un logement il y a deux nourrices, une pour l'eau froide, connectée au tuyau d'arrivée d'eau principale, et une pour l'eau chaude en sortie de chauffe-eau sanitaire pour alimenter les appareils en eau chaude.

Les nourrices peuvent être achetés directement dans le commerce, en laiton, avec peu ou beaucoup de connections selon le logement à alimenter et avec vannes d'arrêts intégrées ou non.

Les nourrices peuvent également être fabriquées par le plombier en assemblant des tubes en cuivre.

Source : www.plombierbellineau-17.fr

C'est donc sur ces nourrices que l'on vient connecter (ou visser) des raccords permettant la connexion des tuyauteries et l'acheminement de l'eau dans le logement.

Nous allons à présent parler de la tuyauterie des réseaux d'alimentation en eau.

Il est possible d'alimenter un logement en eau à l'aide de trois types de **tuyauteries** :

> - **le cuivre**
> - **le PER**
> - **le multicouche**

Le cuivre

Le cuivre est très utilisé en plomberie et depuis de nombreuses années car très résistant autant à la corrosion qu'à la rouille.

Ce qui fait donc de lui le matériau le plus sûr et le plus résistant dans le temps qui soit en ce qui concerne l'installation sanitaire d'un logement.

Il faut quand même savoir qu'il y deux types de cuivre dans le commerce :

     - **le cuivre écroui** vendu sous forme de barre de 1,2,3,4,5 mètres.   Celui-ci doit être chauffé avant d'être cintrer à cause de sa rigidité.

     - **le cuivre recuit** vendu sous forme de couronnes de 10, 25, ou 50 mètres. Celui-ci reste plus malléable, on peut donc le cintrer sans être chauffé. Néanmoins il reste un matériau très rigide.

En revanche, la problématique principale du cuivre est son *prix, beaucoup plus élevé que le PER ou le multicouche*, sans compter qu'il est *plus compliqué d'installation* (il faut savoir souder) et nécessite l'acquisition d'outils tout aussi couteux.

Le PER

Le PER ou Polyéthylène Réticulé est un matériau utilisé pour la fabrication des tubes de plomberie, aussi bien pour acheminer l'eau froide sanitaire (tuyaux bleus) que l'eau chaude sanitaire (tuyaux rouges).

Mais aussi pour l'acheminement de l'alimentation des chauffages en eau.

Le PER est le matériau le moins couteux en plomberie en ce qui concerne la mise en installation sanitaire comparé au cuivre et au multicouche dont nous parlerons juste après.

Il est vendu en couronne déjà gainé.

Par sa faible rigidité il est aussi le plus facile à installer, ne nécessitant de soudure ni pour le cintrage qui se fait à la main ni pour le raccorder à quelque raccord que ce soit, une pince à sertir suffit. Il est très résistant au gel et ne permet pas au calcaire de se fixer sur ses parois.

En revanche il connait une forte dilation et ne peut être installé en apparent comme le cuivre ou le multicouche au vu de son esthétique.

Une installation en PER à une durée de vie d'environ 50 ans.

Le Multicouche

Le multicouche, assemblage de deux couches de polyéthylène réticulé autour d'une lame d'aluminium est un matériau utilisé pour la mise en installation sanitaire des logements en eau chaude et froide mais aussi pour l'alimentation en eau des chauffages.

Le multicouche est un matériau moins couteux que le cuivre mais plus que le PER.

Celui-ci en revanche peut être vendu sous forme de couronne en cas de grande longueur mais aussi sous forme de barre pour les longueurs d'environ 1m50 car comparé au PER il est assez rigide pour garder la forme qu'on lui donne après cintrage, cintrage qui peut être réalisé simplement à la main.

Le multicouche est un matériau très facile d'installation, ne nécessitant pas de soudure, tout comme le PER une pince à sertir (ou sertisseuse) suffit pour rendre étanche les raccords.

Il est aussi très résistant à la corrosion et à la chaleur.

En revanche au vu de sa récente apparition sur le marché nous avons encore peu de recul sur lui pour parler de sa durée de vie mais celle-ci devrait être supérieure à celle du PER (on parle d'environ 50 ans).

Les raccords cuivre, laiton et bi-matières

Que ce soit pour raccorder les tuyaux d'alimentation entre eux, pour les raccorder à la nourrice ou à n'importe quelle robinetterie le plombier a besoin d'utiliser des raccords.

Il existe plusieurs types de raccords :

Les raccords en cuivre, servant à raccorder les tubes pendant une mise en installation sanitaire cuivre, il y a par exemple,

- les coudes, à souder, peuvent être de degrés et diamètres différents

- **le manchon**, peut être égal ou réducteur

- **le Té**, une entrée et deux sorties dont une peut être réduite

- **le chapeau de gendarme**, aussi appelé saut de tube, il sert à passer au-dessus d'un obstacle comme un autre tube pour acheminer l'eau vers l'appareil sanitaire.

Il y a également **les raccords en laiton** qui peuvent avoir beaucoup d'utilités tel que :

- **le bouchon**, à souder ou à visser (mâle ou femelle) le bouchon sert à arrêter l'acheminement de l'eau dans un tube, soit pour condamner un tube soit pour le mettre en stand-by pour d'éventuels travaux ultérieurs.

- **le mamelon**, raccord simple soit uniquement à visser avec un filetage Mâle de chaque côté ou à souder avec un côté à souder et un filetage Mâle de l'autre côté. Peut-être réducteur.

- **le coude**, toujours à 90°, peut être Mâle/Mâle, Femelle/Femelle ou Mâle/Femelle et peut être composé en cas d'un embout femelle d'un écrou libre (Image de droite).

- **le Té**, pour acheminer l'arrivée d'eau vers plusieurs endroits, peut être M/M/M (image de gauche), F/F/F ou M/M/F (image de droite) avec écrou libre ou non.

- **le manchon**, raccord simple soit uniquement à visser avec un filetage Femelle de chaque côté ou à souder avec un côté à souder et un filetage Femelle de l'autre côté. Peut-être réducteur.

Pour finir il existe **des raccords dits bi-matière** (en laiton pour la plupart) c'est-à-dire qu'ils permettent de raccorder des tubes de matières différentes comme le raccordement d'un tuyau cuivre avec un tuyau multicouche.

Les raccords bi-matières les plus connus sont :

- **le raccord diélectrique**, toujours connecté au chauffe-eau permet de raccorder des tuyaux ferreux à des tuyaux non ferreux, il évite la corrosion

- **la nourrice** comme vu précédemment qui reçoit l'eau par l'intermédiaire d'un tube en polyéthylène ou cuivre et répartie l'eau avec des tuyaux qui peuvent être en PER ou multicouche

- **le raccord universel**, raccord qui à l'aide d'un simple CLIP permet de raccorder des tubes cuivre, PER ou multicouche entre eux

- **le raccord passerelle**, permet de raccorder un tube cuivre avec un tube multicouche ou PER, à souder du côté cuivre et à sertir de l'autre côté

L'assemblage des métaux

Comme nous pouvons voir qu'il y a plusieurs matériaux d'assemblage en plomberie, il y a aussi plusieurs techniques d'assemblage de ces matériaux et le plombier doit toutes les maitriser car il peut être amené à les réaliser sur un même réseau.

Les techniques d'assemblage sont :

- **L'assemblage par soudure ou brasure**, technique d'assemblage la plus utilisée en plomberie.

    - La soudure est réalisée sur deux élément de même métal (cuivre/cuivre par exemple), cela consiste à chauffer les deux éléments, de les emboiter et de les souder par effet de fusion.

    - La brasure quant à elle est réalisée pour assembler deux matériaux identiques ou différents (laiton/cuivre par exemple) et nécessite l'apport d'un métal extérieur appelé
baguette de brasure (différente des matériaux à assembler).

Source : plombier.com

Cette brasure peut être réalisée uniquement avec la fusion de cette baguette, qui par capillarité vient entourer et rendre étanche le raccord.

Dans ces deux cas, l'utilisation du chalumeau est nécessaire. (voir ANNEXE)

Source : www.plomberie-sanitaire.net

- **l'assemblage mécanique**, avec des raccords à visser par exemple, utilisée par le plombier quand il est impossible de souder ou de vider l'installation.

Les gaines

Les gaines de protection des tuyaux d'arrivée d'eau en plomberie sont utilisées en cas d'installation en encastré, dans le sol ou les murs après réalisation d'une tranchée.

Ces gaines permettent de protéger les tuyaux de la corrosion et également de garder la chaleur dans les tuyaux.

Les gaines peuvent être vendues sous forme de couronne que le plombier doit enfiler lui-même mais on peut aussi trouver des gaines déjà incorporées au tuyau en vente, choix qui augmentera la rapidité de l'ouvrage mais qui sera également plus couteux.

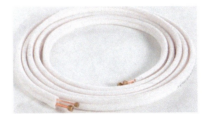

Le calorifugeage des réseaux

Le calorifugeage des réseaux signifie isoler la tuyauterie d'un logement avec des matériaux peu conducteurs en chaleur.

Calorifuger les réseaux sert donc à éviter aux tuyaux de geler et à faire des économies d'énergie et d'argent.

Les calorifuges existent sous forme :

- **de coquilles isolantes**

- **de manchons en mousse plastique**

- **de bandes d'isolation thermiques**

Le savoir faire nécessaire à une installation sanitaire

Ici nous allons voir tous les points un peu techniques d'une installation cuivre : (tous les outils donc nous allons parler ici sont présentés et expliqués dans les Annexes)

- Les coudes en cuivre, servant à éviter des obstacles sont créés à l'aide d'une pince à cintrer. A l'aide de cette pince il est possible de cintrer un tube de 0° jusqu'à 180°.
  Le cintrage du cuivre recuit se fait à froid alors qu'il faut au préalable chauffer le cuivre écroui au chalumeau.
  Pour réaliser un coude de 90°, il faut, prendre les cotes puis calculer C comme sur le schéma suivant.
  Il faut ensuite reporter la cote de C sur le tube, insérer celui-ci dans la cintreuse de même diamètre et positionner la marque sur le tube alignée à la marque 90°.
  Il ne reste plus qu'à cintrer jusqu'à ce que le manche amovible de la cintreuse vienne devant le repère de 90°.

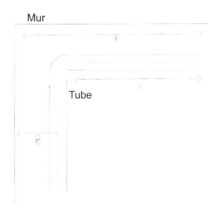

- **L'emboiture**, pour les tubes en cuivre c'est l'endroit où les deux tubes s'emboitent, il faut donc élargir un des tubes pour permettre au second de le pénétrer, cet élargissement se fait à l'aide d'une pince à emboiture. Pour réaliser cette emboiture, il faut commencer par chauffer l'extrémité d'un des tubes sur 5cm, après avoir pris la pince ainsi que la tête correspondante au diamètre du tube et après avoir attendu que le tube refroidisse, il faut y insérer la pince et la fermer au maximum.

  L'extrémité du tube est donc élargie, il faut à présent emboiter les deux tubes et réaliser une soudure ou brasure.

- **Le collet battu ou écrou prisonnier**, est utilisé très fréquemment en plomberie pour raccorder un tube à un robinet, il ne nécessite aucune soudure.

  Pour calculer la longueur qui sera aplatie pour bloquer l'écrou il faut faire :

  Longueur aplatie = (diamètre intérieur de l'écrou – diamètre du tube + 1mm) /2

  A présent pour réaliser le collet battu, il faut commencer par nettoyer l'intérieur du tube grâce à un ébavureur puis chauffer l'extrémité du tube qui sera aplatie au chalumeau.

  Il faut ensuite calculer la longueur à aplatie grâce au calcul au-dessus et positionner le tube dans la matrice coté angle 45° et laisser dépasser la longueur voulue. Placer la toupie sur le tube et frapper avec un marteau sur la toupie pour aplatie le tube, puis retourner le tube dans la matrice coté plat et répéter l'opération pour aplatie complètement le collet.

  Enfin si la longueur aplatie est trop grande et que le collet ne passe pas dans l'écrou il est possible de la limer pour la faire passer.

- **Souder**, c'est l'action de réunir deux pièces de plomberie et assurer leur étanchéité.

  Pour souder **(VOIR ANNEXE Chalumeau)**, il faut commencer par nettoyer l'extérieur et l'intérieur de l'extrémité d'un tuyau grâce à de la toile émeri et un ébavureur.

  Il faut ensuite emboiter le raccord sur le tube, allumer et régler la flamme du chalumeau pour obtenir une flamme bien nette. Chauffer le tube et le raccord e mettant du décapant lorsque le tube devient chaud.

  Il faut enfin, quand le tube devient rouge, faire fondre la baguette de brasure par-dessus le tube, par capillarité celle-ci englobera le tube.

- **Le piquage à bord relevé** est une technique permettant d'insérer un tube de diamètre inférieur sur un tube de diamètre supérieur sans utiliser de raccord. Il sert à éviter les raccords de tube Té et à fabriquer des nourrices en cuivre.

  Pour le réaliser il existe deux techniques :

  - la première consiste d'abord à faire un trou dans un tube à l'aide du chalumeau et après refroidissement, insérer la tête du diamètre voulu d'une pince à emboiture dans le trou et serrer la pince. Il est possible après ça de venir insérer un tube dans ce trou et réaliser une brasure.

  - la deuxième technique consiste, après traçage du contour du tube sur celui à trouer, à venir limer ce tube avec une lime demi-ronde jusqu'à obtenir une encoche dans ce trou, chauffer cette encoche au chalumeau jusqu'à l'apparition d'un trou. Et avec une broche de plombier, venir frapper avec un marteau sur la broche en ayant la pointe sur les contour du trou pour pouvoir lez relevé. Pour finir il faut vérifier que les deux tubes d'emboitent bien et venir réaliser la brasure.

- **Le chapeau de gendarme**, permet d'éviter un obstacle comme un autre tube.
  Pour le réaliser, il faut commencer par mesurer la tailler de l'obstacle par-dessus le lequel il faut passer et reporter ces cotes sur un tube en cuivre grâce à trois marques. Ceci effectué, il faut placer le tube dans la cintreuse et positionner la marque du milieu sur le repère 45° et cintrer jusqu'à 90°.
  Il faut ensuite retourner le tube et positionner un des deux marques restantes à 40mm du bord de la cintreuse et cintrer à 45°, répétez l'opération sur la dernier marque restante. Les deux coudes à 45° viennent annuler celui à 90° ce qui vient rentre le tube plat après le passage de l'obstacle.

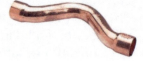

- **Pour réparer un tuyau de cuivre percé** il faut, après avoir coupé et vidangé l'installation, décaper ce tuyau et, à l'aide d'un chalumeau et d'une baguette de brasure, effectuer une brasure sur ce trou. La brasure bien effectuée permettra l'étanchéification du tuyau, donc après un peu d'attente il est possible de remettre l'installation sous pression. La fuite est colmatée.

VIII L'évacuation d'eau

Le plombier ayant la charge de la mise en installation sanitaire s'occupe de l'alimentation en eau chaude et froide de chaque appareil sanitaire mais il est également responsable de l'évacuation de ces eaux appelées eaux usées (terme regroupant les eaux ménagères et les eaux vannes pour les WC) après leur utilisation.

Pour cela, il s'occupera donc de la mise en place de tuyaux permettant aux eaux usées d'être acheminées vers un puisard (égout) sur ou en dehors de la propriété afin d'être traitée.

Les plans des tuyaux d'évacuation

Tout comme pour les arrivées d'eau, le plombier obtient des plans où apparaissent les tuyaux d'évacuation, plan auquel il doit se référer pour l'installation des évacuations des appareils sanitaires. Ces plans sont les mêmes que pour l'arrivée d'eau, c'est-à-dire :

- le plan de niveau

- le plan de coupe

L'évacuation d'une habitation

Les réseaux d'évacuation d'une habitation diffèrent si l'on est en appartement par exemple ou en maison individuelle, dans cette partie nous parlerons uniquement de l'évacuation d'eau à l'intérieur de l'habitation.

Tout d'abord l'eau usée est évacuée via une chasse d'eau ou une bonde d'appareil sanitaire, elle traverse ce qu'on appelle un siphon dont nous parlerons dans le chapitre suivant.

Après être passée par le siphon l'eau passe par un tuyau en PVC de diamètre adapté à l'appareil sanitaire, c'est ce qu'on appelle le collecteur, ce collecteur peut être de diamètre 32mm pour les plus petits appareils tel que le lavabo, à 100mm pour les WC.

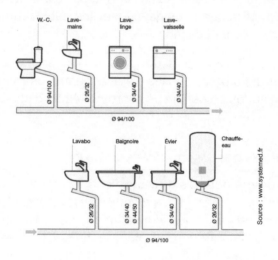

La pente et la contre-pente

Peu importe le diamètre, les tuyaux d'évacuation doivent impérativement avoir une pente minimum de 1%, c'est-à-dire qu'un tuyau doit baisser de 1cm de haut pour chaque 1m linéaire effectué. Et il doit avoir une pente maximale de 30% (30cm par mètre linéaire).

Ce que nous appelons la pente est en soi la direction vers laquelle l'eau est entrainée, on parle alors de contre-pente lorsqu'il existe une pente opposée au sens d'écoulement de l'eau, cette contre-pente favorise alors la formation de bouchons, il ne doit jamais y avoir de contrepente dans une installation d'évacuation sanitaire.

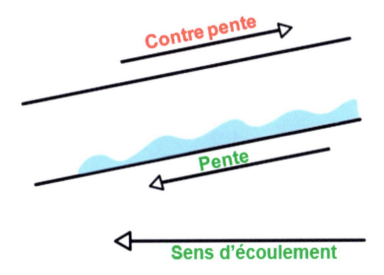

L'eau une fois passée par le collecteur de l'appareil vient rejoindre les canalisations verticales qui sont les descentes d'eau ménagères ou chutes d'aisances, et enfin rejoindre le collecteur principal (qui respecte également une pente minimale de 1%) pour se jeter dans les égouts publics (réseau d'évacuation).

Les réseaux d'évacuation et d'assainissement

Réseau pouvant être collectif ou individuel, c'est l'ensemble des conduites qui permettent l'évacuation des eaux usées et pluviales et qui se chargent de les acheminer vers une station d'épuration où elles seront dépolluées et rejetées dans le milieu naturel.

Si le réseau d'assainissement est raccordé à un réseau d'évacuation individuel alors le système d'assainissement sera **individuel**.

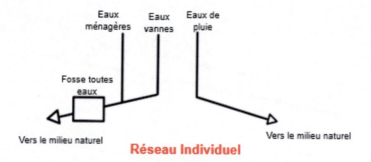

Réseau Individuel

Sinon ce réseau d'assainissement est raccordé à un réseau d'évacuation collectif, alors le système d'assainissement sera soit **unitaire** soit **séparatif**.

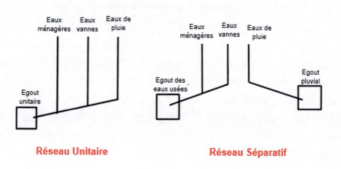

Réseau Unitaire　　　　**Réseau Séparatif**

Le PVC et ses raccords

Le PVC est un matériau très utilisé pour les évacuations des eaux usées. Il a remplacé le plomb maintenant interdit dans le bâtiment.

Les tubes en PVC sont assez légers, facile à installer et peu onéreux.

Ils peuvent être de diamètre 32, 40, 50, 63, 80 ou 100(mm) selon l'appareil à évacuer.

Malgré tout, ces tubes sont tout de même peu esthétiques et plus fragiles que ceux des autres matériaux, le PVC est un mauvais isolant phonique.

Voici une liste exhaustive des raccords en PVC :

Le coude, à coller peut être F/F ou M/F. Et peut-être de diamètres et degrés différents.

La culotte, raccord utilisé pour réunir deux écoulements, peut-être de diamètres et degrés différents.

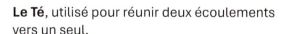 

Le Té, utilisé pour réunir deux écoulements vers un seul.

Peut-être F/F/F ou M/F/F.

Le manchon, égal ou réduction, il sert à raccorder deux tubes.

Les réductions, il en existe beaucoup, de diamètres différents pour raccorder les tubes entre eux.

Les manchettes, composé d'un côté M et d'un F, elles sont utilisées en cas de tube cassé. La partie mâle est à insérer dans le tube et laisse dépasser la partie femelle.

Le tampon de réduction, inséré dans un tube de 100 pour y raccorder 1 à 3 tubes de diamètre inférieurs pour l'évacuation des eaux usées.

La selle, à coller, utilisée pour relier un tube d'évacuation à une canalisation principale en ayant au préalable fait un trou à la scie cloche dans le tube de 100.

Le bouchon de dégorgement, aussi appelé tampon de visite, est un bouchon vissé directement sur un raccord, il est souvent mis sur un Té ou une culotte. Il sert, en cas d'engorgement, et en le dévissant d'avoir un accès parfois plus proche du bouchon pour y introduire un furet.

Le savoir-faire nécessaire à l'évacuation sanitaire

- Pour assembler deux éléments PVC Mâle et Femelle entre eux il suffit, dans un premier temps de rayer l'intérieur de l'extrémité du raccord Femelle et l'extérieur du Mâle avec de la toile émeri, et venir poser de la colle sur ceux-ci avec une colle spéciale PVC. Le fait de passer avec de la toile émeri permet une meilleure tenue de la colle.

- Pour couper un tube en PVC il faut utiliser une scie à métaux, une fois la coupe effectuer, frotter l'extrémité du tube avec de la toile émeri pour enlever les petits morceaux de PVC volatiles.

- Pour assurer la pose du PVC le plombier doit faire un tracé **(tracé effectué d'après les plans de l'installation)** avec la pente minimale requise, tout au long de ce tracé des trous seront percés à intervalles réguliers et dans lesquels seront insérés des chevilles. Il doit ensuite visser les colliers sur les pattes à vis avec rosace (objet servant à assurer un écart entre le mur et la canalisation) ou non et serrer à la main la vis dans la cheville. Le tuyau est enfin prêt à être posé.

IX La robinetterie sanitaire

<u>La robinetterie sanitaire</u> est un terme qui englobe l'ensemble des robinets permettant aux clients d'avoir accès à l'eau potable (chaude et froide). C'est d'ailleurs lui qui choisit la robinetterie qu'il souhaite que l'on installe.

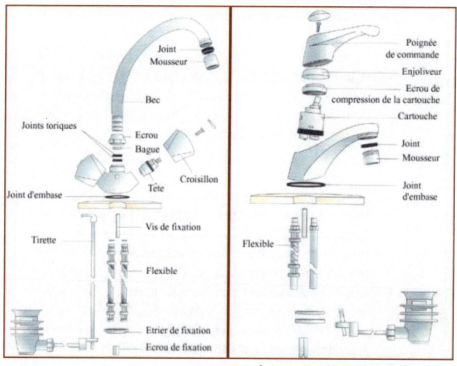

Les différents types de robinetterie sanitaire sont :

- **le robinet mélangeur (ici à gauche),** comme son nom l'indique sert à mélanger l'eau chaude et l'eau froide grâce à ses deux croisillons (eau froide à droite et eau chaude à gauche) pour obtenir la température et le débit désiré

- **le robinet mitigeur (au-dessus, à droite)**, il en existe plusieurs sortes, **le mitigeur mécanique** est doté d'une manette qui permet de régler la température et le débit de l'eau, celui appelé **mitigeur cascade** a, en plus un bec allongé et plat pour créer un effet de cascade, **le mitigeur temporisé** est celui que l'on trouve souvent dans les lieux publics, il a une fermeture automatique réglée sur quelques secondes, et enfin **le mitigeur thermostatique,** celui utilisé pour les douches, muni d'une poignée pour régler la température et d'une autre pour le débit.

Mitigeur cascade   Mitigeur temporisé   Mitigeur thermostatique

- Pour installer de la robinetterie, il faut tout d'abord couper l'eau et vidanger l'installation, fixer la robinetterie choisie sur la vasque (au préalable installer le meuble et fixer la vasque sur celui-ci), serrer les flexibles sur les tuyaux d'arrivée d'eau (respectivement eau chaude et eau froide) et remettre l'installation sous pression. Attention les normes exigent que les robinetteries sanitaires soient fixées entre 85 et 90cm du sol.

- Pour installer une colonne de douche dans une douche en carrelage il faut, après avoir coupé l'eau et vidanger l'installation, installer le mitigeur sur les tuyaux d'eau froide et eau chaude dépassant du carrelage (il doit être fixé à une hauteur de 110 à 120cm du sol), poser la colonne à blanc pour faire les repères de perçage, enlever et percer les trous puis enfin raccorder la colonne au mitigeur en la fixant au mur. Il ne reste plus qu'à raccorder le pommeau de douche et remettre l'installation sous pression pour vérifier qu'aucune fuite n'est présente.

Le siphon

Le siphon fait partie des dispositions prévues par les règlements sanitaires, il est vendu en kit, peut être en PVC gris ou blanc pour l'esthétisme, ou encore plat (pour les endroits où il y a le moins de place) ou même en inox (encore une fois pour l'esthétisme, si apparent).

Celui-ci, à l'aide de la garde d'eau dont il dispose en son sein (grâce à sa forme en U) protège les résidents des bactéries et mauvaises odeurs provenant des égouts pouvant passer dans l'air.

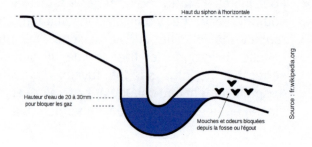

82

- Pour raccorder un siphon à l'évacuation générale il faut, dans un premier temps placer la bonde au niveau du lavabo (une partie au-dessus et l'autre en dessous et les visser entre elles) pour y venir visser le siphon.

Ensuite, il faut prendre la cote entre le siphon et le tuyau de l'évacuation, couper un tube de cette taille et venir le monter à blanc pour éviter les erreurs.

Si tout est ok, il ne reste qu'à encoller le PVC et le raccord, venir y emboiter le siphon et après 15mn (temps de séchage de la colle PVC) faire couler de l'eau et vérifier qu'aucune fuite n'est présente.

Le contrôle des ouvrages

Pour contrôler que les ouvrages ont bien été réalisés dans les règles de l'art il existe des fiches d'auto contrôle, documents de référence, qui existent pour tous corps de métier, pour les entreprises et artisans.

C'est un document servant à contrôler l'exécution et l'avancement des travaux.

FICHE DE CONTRÔLE: Plomberie		Code	Version:	01
		FR-02/PS-OP-04	Page:	1/1

N°FC		Date	....../...../.........

Projet/Chantier ....Medina 3............................Code: B016

Partie d'ouvrage .... Plan n° ....

Contrôles Effectués	Resultats		Observations
	Oui	Non	
Vérifier l'approbation des plans			
Présentation des échantillons pour approbation Client /BE			
Etablissement des plans de réservations CET et transmission au Resp GO			
Pré-perçage pour déterminer l'alignement. Dévoiement des canalisations électriques pour éviter les croisements entre les réseaux Elec/Plomb.			
Traçage et perçage			
Cheville à adapter à la fixation			
Vis à adapter à la fixation			
Alignement par rapport aux murs et au plafonds			
Vérifier le serrage des colliers			
Pose des fourreaux PVC/ Etanchéité			
Protection des sanitaires au transport et à la mise en place			
Contrôle après raccordements aux réseaux			
Contrôle hauteur			
Dimensionnement et approbation des performances à installer des équipements par le B E			
Essais pression			
remplissage et vérification en gravitaire			

Observations

Responsable contrôle interne
Nom:
Fonction:
Date&Visa

Responsable Projet
Nom:
Date&Visa

La qualité des ouvrages

Toutes les entreprises de plomberie et de chauffage peuvent être candidates à la certification Quali'eau, qui permet de garantir leurs compétences en matière de sécurité sanitaire des réseaux

intérieurs de distribution d'eau potable, ainsi que de récupération des eaux de pluie. Les connaissances en termes de contexte réglementaire, de maîtrise des techniques de conception des réseaux ainsi que leur maintenance sont contrôlées grâce à un QCM, qui sera corrigé par un jury composé de professionnels du secteur.

Être reconnu par la certification Quali'eau permet aux entreprises d'avoir accès à des outils pratiques (par exemple une mallette permettant de tester la qualité de l'eau), ainsi qu'à des informations destinées spécialement aux professionnels du réseau.

La certification Quali'eau est reconnue par le ministère de la Santé ainsi que par les Directions Départementales des Affaires Sanitaires et Sociales (DDASS). Pour les particuliers, cela garantit une meilleure sécurité pour l'installation et la maintenance de leur réseau de plomberie.

La première mise en service

La première mise en service est une étape importe sur un chantier pour le plombier, car il doit, après avoir installé et branché tous les appareils sanitaires, s'assurer que l'installation ne comporte aucune fuite et que tous les appareils fonctionnent correctement.

Une fois l'installation réalisée dans les règles de l'art, étanche et sous pression le plombier doit livrer son chantier.

Cette étape vient donc en dernière, après l'installation de la tuyauterie, des appareils sanitaires et des robinetteries. Après ça, le plombier doit quand même s'occuper des dépannages de son installation.

X Les appareils sanitaires

Une des étapes de finition du chantier pour le plombier est la mise en place des appareils sanitaires tel que la douche, la baignoire, le lavabo, l'évier ou même le WC.

Dans ce chapitre nous allons donc détailler chacun de ces appareils et voir comment ils se posent, mais avant cela voyons les normes PMR qui concernent ces appareils sanitaires.

Les normes PMR en plomberie

Le sigle **PMR** signifie : **Personne à Mobilité Réduite**, c'est-à-dire l'ensemble des personnes qui rencontrent des difficultés à se déplacer dans un environnement inadapté.

Les normes PMR c'est donc l'ensemble des normes que doivent respecter les établissements recevant du public.

Si nous parlons de ces normes c'est parce que, dans le cas d'un chantier qui recevra du public par exemple ces normes PMR régissent le choix et l'installation des appareils sanitaires.

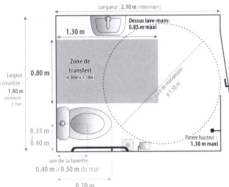

Les douches

Une douche est un élément de salle de bain permettant de se laver, elle peut être créée sur place à l'aide de carrelage, d'une ou deux parois de douche, d'un receveur, d'une robinetterie et d'une bonde de douche ou alors elle peut se présenter sous forme de cabine de douche à monter et à poser.

La cabine de douche :

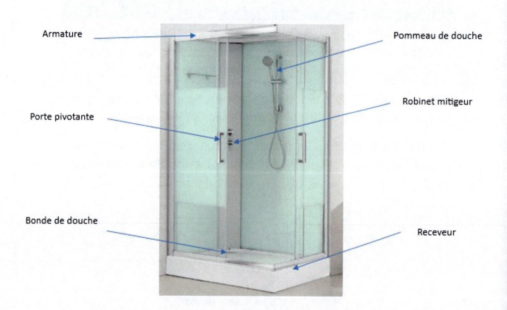

Armature

Pommeau de douche

Porte pivotante

Robinet mitigeur

Bonde de douche

Receveur

Les baignoires

Une baignoire est un appareil sanitaire en forme de cuve dans laquelle il est possible de s'allonger pour prendre des bains ou tenir debout pour prendre des douches. Elle est alimentée en eau grâce à un système de robinetterie.

Il existe beaucoup de baignoires différentes tel que la baignoire ilot, la baignoire au sol, la baignoire balnéo, la baignoire sabot ou même évidemment la baignoire PMR.

Ces baignoires peuvent également être de matières différentes, en fonte, acier, acrylique, bois, verre, béton et cuivre.Elles peuvent aussi être ronde, ovale, carrée, rectangle ou en angle.

La baignoire :

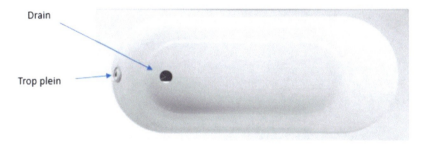

- Pour installer une baignoire (sur ilot dans cet exemple), après avoir coupé l'eau et vidé l'installation, il faut y monter les pieds et les régler de niveau, poser la baignoire sur son futur emplacement tout en vérifiant bien toujours le niveau, raccorder le drain et le trop plein à l'évacuation générale. Il ne reste plus alors qu'à y installer sa robinetterie (toujours le même procédé que vu précédemment) et remettre l'eau sous pression pour vérifier qu'aucune fuite n'est présente.

Les lavabos et lave-mains

Les lavabos et lave-mains sont des appareils sanitaires en forme de petite cuve qui ont pour fonction principale de se nettoyer les mains.

Le lavabo est raccordé à l'eau chaude et l'eau froide et est présent dans les salles de bain alors que le lave main n'est raccordé qu'en eau froide et est installé dans les toilettes, parfois même directement intégré à la chasse d'eau par soucis de place.

Le lavabo peut être sur colonne à poser, suspendu, sur plan de toilette ou avec vasque sortant.

Le lavabo sur colonne :

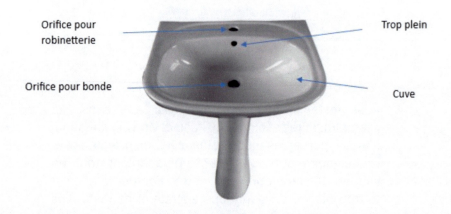

Orifice pour robinetterie

Trop plein

Orifice pour bonde

Cuve

- Pour installer un lavabo, il faut dans un premier temps tracer sur le mur au crayon un trait de niveau à 90cm de hauteur (c'est la hauteur finie), mesurer l'écart entre les trous de fixation du lavabo et la hauteur finie de celui-ci ainsi que l'entraxe des trous.

Il faut à présent, à l'aide d'un niveau et d'un crayon reporter ces cotes sur le mur et percer pour installer les fixations dans le mur qui viendront accueillir le lavabo.

Il ne reste maintenant plus, après avoir appliqué du silicone sur l'arrière du lavabo qu'à le positionner sur les fixations et venir serrer tout ça avec une pince. La robinetterie peut maintenant être posée et raccordée.

Les éviers

Les éviers sont des éléments de cuisine muni d'une ou deux cuves (plus grandes que le lavabo), d'une alimentation en eau, d'une vidange et certaines fois d'un égouttoir. Il est donc placé dans la cuisine sur un plan de travail.

Contrairement au lavabo l'évier à une utilité plus ménagère, il peut servir à faire la vaisselle, remplir un sceau d'eau ou nettoyer des aliments par exemple.

L'évier :

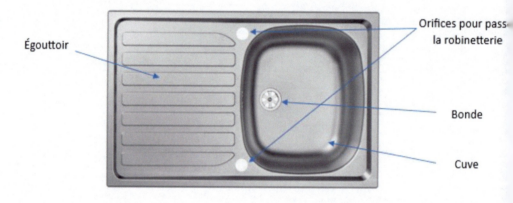

Égouttoir

Orifices pour pass
la robinetterie

Bonde

Cuve

- Pour installer un évier il faut commencer par le positionner à l'envers sur le plan pour en tracer le contour, prendre la mesure entre les ergots de fixation se trouvant sous l'évier et le bord de celui-ci (souvent cet espace est de 2cm), et effectuer un second tracé sur le plan de travail à l'intérieur du premier à distance égale de l'espace entre les ergots et bord de l'évier.

Ensuite, si l'évier est rectangulaire, il faut percer un trou à chaque coin du tracé pour venir y insérer la lame de la scie sauteuse et découper sur le tracé.

Il ne reste plus, après avoir vérifié que l'évier rentre bien dans le trou, qu'à appliquer un cordon de silicone sur le contour de l'évier, le poser dans le trou et y mettre du poids.

Après une bonne nuit de séchage l'évier est prêt à être raccordé aux arrivées et évacuations.

Les WC

Les WC (Water-closets) sont des appareils sanitaires consacrés à la réception et l'évacuation des déjections corporelles comme l'urine, les selles et les vomissures.

Il existe plusieurs types de WC comme :

- le WC à poser, facile à installer avec des fixations au sol

- le WC suspendu, permet un gain, de place et un meilleur esthétisme avec sa chasse d'eau cachée

- le WC japonais (lavant), plus complexe d'installations que les précédents car une alimentation électrique est nécessaire à ses fonctionnalités

- le WC sanibroyeur, encore différent des autres WC car à la place de la chasse d'eau il dispose d'un moteur dans lequel des petits couteux broient les déjections et les évacue via un tuyau d'évacuation

<u>Le WC à poser</u> :

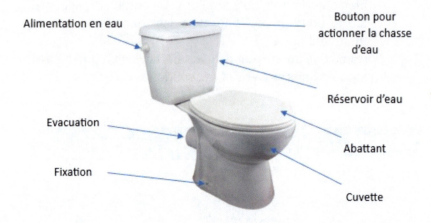

Alimentation en eau

Bouton pour
actionner la chasse
d'eau

Réservoir d'eau

Evacuation

Fixation

Abattant

Cuvette

- Pour installer un WC il faut, premièrement, tracer un trait vertical sur le mur à l'endroit où sera placé le WC, à 18cm du sol (ce qui correspond à la hauteur de l'évacuation) sur ce trait tracer un autre trait horizontalement. L'intersection des traits est l'endroit où doit arriver la pipe, il faut donc a présent mesurer la distance entre le tuyau d'évacuation de 100 et notre croix, couper, assembler à blanc les tuyaux avec la pipe et quand celle-ci arrive bien devant notre croix et que la pente est bonne (1% minimum) il est nécessaire d'encoller les tuyaux.

  Une fois cette étape effectuée il ne reste plus qu'à raccorder l'eau froide sur la chasse d'eau et fixer le WC au sol.

XI L'électricité en plomberie

En plomberie, il est nécessaire d'avoir certaines notions d'électricité, notamment pour pouvoir raccorder certains appareils ménagers spécifiques comme on a pu le voir (toilettes japonaises ou baignoire balnéo par exemple) mais surtout pour pouvoir raccorder électriquement le ballon d'eau chaude.

Nous nous pencherons en détail sur le ballon d'eau chaude dans le prochain chapitre, attardons-nous d'abord sur les notions et techniques à connaitre en électricité.

Le circuit électrique

Un circuit électrique est un ensemble simple ou complexe de conducteurs et de composants électriques ou électroniques parcouru par un courant électrique car relié entre eux.

Le circuit électrique est composé :

- **d'un générateur** (pile, batterie, ...), c'est celui qui fournit l'énergie

- **des conducteurs** (câbles électriques), ce sont ceux qui transportent l'énergie électrique

- **d'un récepteur** (lampe, radiateur, ...), c'est celui qui consomme l'énergie électrique et la transforme en autre énergie (lumineuse par exemple pour les lampes)

- **d'un appareillage de commande** (interrupteur, ...), c'est celui qui commande la mise en marche ou l'arrêt du ou des récepteurs

Composé de tous ces éléments, le circuit électrique peut à présent soit être :

> - **fermé**, le courant électrique peut donc être acheminé du générateur vers le récepteur, le récepteur fonctionne

> - **ouvert**, le courant électrique ne peut pas passer, le récepteur de reçoit pas d'énergie et ne fonctionne donc pas

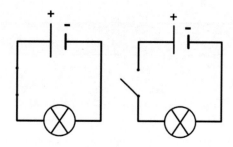

La tension électrique

Le courant électrique c'est simplement un déplacement d'électrons dans un circuit électrique donné par une source d'énergie, le générateur.

La tension électrique (exprimée en Volt) est la force du mouvement réalisé par les électrons qui peut être plus ou moins fort.

Plus la tension électrique est élevée plus le courant est fort et plus le récepteur sera puissant.

Pour mesurer la tension électrique on peut utiliser :

Un multimètre   **Un ampèremètre ou pince ampèremétrique**

Et pour se faire, il suffit de brancher l'appareil choisi en parallèle dans le circuit électrique, prenez garde toutefois à ne pas toucher les pointes conductrices ou les faire se toucher l'une l'autre. Enfin veillez à porter des gants isolants en cas de manipulation de ces appareils.

L'intensité du courant électrique

L'intensité du courant électrique (se mesurant en Ampère) est la quantité d'électricité qui circule dans le conducteur électrique pendant une seconde.

Pour mesurer l'intensité électrique on peut utiliser :

- **un multimètre**

- **un ampèremètre**

- **une pince ampèremétrique**

Cette fois, l'appareil se branchera en série dans le circuit à mesurer.

Attention aux EPI et règles de sécurité vu plus tôt.

La puissance électrique

La puissance électrique (exprimée en Watt) est le temps que mettra l'énergie électrique à passer du générateur au récepteur. Plus le temps est court, plus la puissance électrique est grande.

La puissance électrique se mesure à l'aide d'un wattmètre qui se branche en série pour mesurer l'intensité et en parallèle pour mesurer la tension.

Une fois ces mesures effectuées il ne nous reste plus qu'à calculer cette puissance en les multipliant, car la formule de la puissance électrique est la suivante :

P (puissance en Watt) = U (tension en Volt) x I (intensité en Ampère)

Par exemple, prenons une lampe qui fonctionne sous une tension de 230 V et est parcourue à une intensité de 0,174 A, pour calculer sa puissance on fera le calcul P = U x I.

Ici U = 230 et I = 0,174 donc 230 x 0,174 = 40,02 qu'on arrondira à 40.

La puissance de la lampe est donc de 40W.

Liaison équipotentielle et mise à la terre

Depuis 2006, les chantiers neufs ou de rénovation doivent obligatoirement respecter la norme française NF C 15-100 qui réglemente les installations électriques à basse tension des logements.

Elle a pour objectif d'assurer sécurité et confort des habitants d'un logement, ce qui concerne les liaisons équipotentielles et la mise à la terre.

La mise à la terre c'est le fait de relier à la terre les appareils électriques (prises électriques par exemple) à l'aide des câbles électriques jaunes et vert (câbles de terre), d'un bornier sur le tableau électrique et d'un piquet de terre planté profondément dans le sol.

Cette mise à la terre permet de rediriger le courant électrique vers le sol en cas de fuite ou d'échappement électrique d'un appareil, cela évite donc l'électrocution.

Les liaisons équipotentielles quant à elles relient à la terre les éléments métalliques donc conducteurs tel que les canalisations, et équipements métalliques comme la baignoire, le lave-linge, etc.

Il y a deux types de liaisons équipotentielles :

- la principale qui est obligatoire

- la secondaire, présente dans les pièces comme la salle de bain

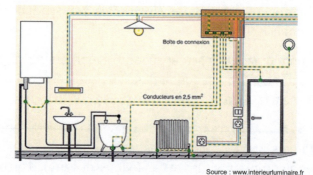

Source : www.interieurluminaire.fr

Les outils nécessaires à un raccordement électrique

Les outils nécessaires à un raccordement électrique sont :

      - **la pince coupante**, composée de deux poignées, souvent isolées, d'une charnière pour ouvrir et fermer les mâchoires et d'une tête en acier avec deux lames pour couper les fils électriques.

Charnière

Poignées

Lames

- **la pince à dénuder**, outil qui se compose de deux poignées souvent isolées et d'une tête en acier avec deux lames tranchantes de forme triangulaire pour laisser passer la partie conductrice du câble.

Cette pince sert donc à dénuder les câbles électriques pour permettre le branchement aux appareils électriques.

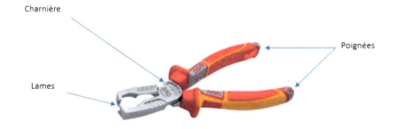

Charnière

Poignées

Lames

- Pour couper une alimentation électrique, après avoir vérifié à l'aide d'un VAT (vérificateur d'absence de tension, instrument capable de détecter la tension électrique) qu'il y a bien de la tension dans le circuit, couper l'alimentation avec le disjoncteur individuel ou le disjoncteur de branchement pour une coupure générale. Pour finir, il faut vérifier avec le VAT qu'il n'y a bien plus de tension sur l'installation.

Les connecteurs à un raccordement électrique

Les connecteurs de raccordement électrique sont de petits éléments permettant d'établir une connexion entre plusieurs câbles électriques.

On en distingue deux types :

- **les connecteurs de type domino**, connectent des câbles électriques grâce au serrage d'une vis sur la partie dénudée du câble. Ce type de connecteur est de moins en moins utilisé car la marge d'erreur est petite, en effet si la vis est trop serrée le câble peut casser et si elle n'est pas assez serrée des arcs électriques peuvent se créer et entrainer des dégâts comme des courts circuits. De plus avec le temps les vis ont tendances à se desserrer toutes seules.

- **les connecteurs de type borne automatique** (*les plus connus sont ceux de la marque Wago*), connectent plusieurs fils entre eux par pincement créé à l'aide d'un petit levier et d'un ressort. Ces connecteurs sont petits et plus sécurisés que les dominos car ils ne nécessitent pas de vis. C'est pourquoi ils remplacent de plus en plus les dominos sur les chantiers.

- Pour raccorder deux fils avec un connecteur électrique il faut dénuder deux même fils électriques (neutre/neutre, phase/phase ou terre/terre par exemple) choisis sur une longueur d'environ 10mm et insérer une des deux extrémités des deux fils dans le même connecteur. Si celui-ci est un domino les fils doivent être serrés avec des vis et se retrouvent l'un en face de l'autre alors qu'avec des connecteurs de type Wago, soit on entend un CLIC automatique qui montre que le fil est bien fixé, soit il y à un levier à baisser une fois le câble bien enfoncé. Dans les deux cas pour les connecteurs de type Wago les câbles connectés entre eux re trouvent les uns à côtés des autres.

XII Le ballon d'eau chaude

Le ballon d'eau chaude (aussi appelé cumulus ou chauffe-eau) est un appareil permettant de chauffer l'eau, il peut être posé sur un socle à la verticale (pour les plus gros) ou peut être accroché au mur verticalement ou horizontalement.

Il existe des ballons d'eau chaude électriques, à gaz, thermodynamiques ou même solaires.

Les ballons d'eau chaude peuvent être :

- **à accumulation**, dans ce cas le ballon est composé d'une cuve où l'eau est chauffée, quand un robinet d'eau chaude est ouvert c'est de là que provient cette eau. Cette cuve vient ensuite se reremplir en eau froide qu'elle chauffe.

- **instantané**, ici l'eau n'est pas stockée, seulement chauffée lorsqu'un robinet est ouvert. N'étant pas composé de cuve ce type de ballon d'eau chaude prend moins de place que le précédent.

Le groupe de sécurité

Le groupe de sécurité est un dispositif de sécurité obligatoire à raccorder sur l'arrivée d'eau froide du ballon d'eau chaude.

Il sert à maintenir la pression du ballon sous 7 bars, évite le retour potentiel d'eau chaude dans le circuit d'eau froide et coupe l'eau qui arrive dans le ballon d'eau chaude lorsque la cuve est remplie.

- Pour poser et raccorder un ballon d'eau chaude électrique, il faut tout d'abord le fixer au mur si c'est la pose choisie. Pour cela il est nécessaire de prendre les cotes des entraxes de fixation, les reporter au mur de niveau pour y percer les trous qui recevrons les tiges filetées.
Cela fait, est à présent possible de poser le ballon sur ces tiges et le fixer grâce à des fixations adaptées. Une fois le ballon posé, il faut le raccorder aux tuyaux d'eau chaude et eau froide san oublier de poser le raccord diélectrique coté eau chaude et le groupe de sécurité coté eau froide (avec son siphon).
Après l'avoir remis en pression il faut maintenant le raccorder électriquement, pour cela on doit ouvrir le capot de protection et raccorder les fils Phase, Neutre et Terre.
Refermez le capot, remettez le courant et attendez quelques heures pour voir si le ballon a bien chauffé l'eau.

XIII Les pannes

Les maintenances

Une maintenance d'installation sanitaire c'est un regroupement de tout ce qui est mis en œuvre pour assurer son bon fonctionnement, que ce soit le ballon d'eau chaude, les appareils sanitaires ou même les vannes et tuyaux.

Ces maintenances peuvent être :

- **correctives**, dans le cas où une panne est décelée par le plombier, celui-ci aura la charge de la remise en état de l'installation. La maintenance corrective peut être curative (réparation qui doit tenir sur le long terme) ou corrective (changement d'un équipement ne pouvant être réparé).

- **préventives**, pour prévenir un problème avant qu'il n'arrive. Cette maintenance peut être systématique (planifiée, sert à vérifier le bon fonctionnement des équipements les plus coûteux) ou conditionnelle (à la suite d'une remontée d'information pendant les travaux d'éléments pouvant avoir des faiblesses).

Le diagnostic d'une installation : Lors d'une maintenance ou lorsque qu'un client souhaite connaitre l'état de l'installation de plomberie d'une maison qu'il vient d'acheter, c'est au plombier de réaliser un diagnostic.

Dans ce cas, il devra dresser un bilan complet de l'état de cette installation en vérifiant l'état du chauffe-eau, des canalisations extérieures et intérieures, des gouttières et du carrelage.

<u>Pour mettre en place une maintenance, il faut :</u>

- **Lister des équipements**, un cahier répertoriant tous les appareils sanitaires nécessitants une maintenance existe

- **Créer un calendrier d'investigation**, selon les caractéristiques de chaque équipement, leur fréquence d'utilisation, leur usure

- **Enquêter**, visuellement sur tous les appareils sanitaires et les installations et détailler dans un cahier l'ensemble des interventions effectuées

- **Créer un calendrier d'entretien**, avec les informations récoltées précédemment et justes, il peut être créé et remplace le calendrier d'investigation

- **Estimer le matériel nécessaire** à la réparation de chaque panne

- **Effectuer les réparations** établies précédemment, après réception du matériel

- **Rédiger un compte rendu** des réalisations

Les pannes et les fuites

Sur appareils sanitaires les fuites peuvent être apparentes ou encastrée, en apparente on voit directement la fuite, ou l'eau couler alors qu'en encastré on ne voit que les dégâts (mur humide, ...), il faut donc trouver la source de la fuite.

<u>Si la fuite est apparente</u>, cela peut être :

-sur un robinet
- sur un WC
- sur un évier
- sur un tuyau

<u>Si la fuite est encastrée</u> cela peut être :

- Dans le sol

- fuite causé par des mouvements de terrain, le gel ou l'usure, il faut trouver la source de la fuite et la colmater

- Dans un mur ou au plafond

- cela peut être dû à une fuite chez le voisin ou une canalisation défectueuse, il faut alors avertir le voisin ou réparer la canalisation concernée

Source : www.mesdepanneurs.fr

Source : www.habitatpresto.com

Panne sur douche ou baignoire

Les pannes au niveau des douches et baignoires peuvent ressembler à :

Une fuite au niveau du robinet :

- cela provient du robinet ou de la cartouche, il faut alors changer le robinet ou la cartouche
- cela provient du mousseur, il faut le nettoyer ou le remplacer

Il y a de l'eau stagnante dans l'appareil sanitaire :

- il est bouché, il faut utiliser un furet ou une pompe pour le déboucher

Il y a une fuite sous l'appareil sanitaire :

- cela est dû à la bonde, il faut soit la changer si possible ou changer directement le bac de douche
- cela est dû au siphon, idem que la bonde
- cela est dû à une fuite sur le tuyau en cuivre d'arrivée d'eau, il faut alors couper et vidanger le circuit et souder

Source : depannage-urgent.be

110

Panne sur lavabo ou évier

Les pannes sur les éviers ou lavabos peuvent ressembler à :

Une fuite au niveau du robinet :

- cela provient du robinet ou de la cartouche, il faut alors changer le robinet ou la cartouche
- cela provient du mousseur, il faut le nettoyer ou le remplacer

Une fuite sous le lavabo :

- cela provient du siphon, il peut être desserré, si ce n'est pas le cas il faut changer le siphon
- cela provient de la bonde, soit la vis qui la serre est desserrée soit il faut changer la bonde
- cela provient de la tirette, il faut alors la changer
- cela provient d'un tuyau de cuivre d'arrivée d'eau, il faut alors couper et vidanger le circuit et souder

Source : www.mesdepanneurs.fr

De l'eau stagnante dans le lavabo :

- cela provient du fait que le lavabo est bouché, il faut utiliser une pompe ou un furet

111

Panne sur WC

Les pannes sur WC peuvent ressembler à :

L'eau du réservoir coule sans arrêt

-cela est dû au flotteur, soit il ne remonte plus soit le clapet est abimé, dans ces deux cas il faut changer le flotteur
- cela est dû au joint du réservoir, il peut être cassé ou entartrer, le nettoyer peut suffire sinon il faut le changer

Le robinet d'arrivée d'eau fuit

- cela est dû au tartre, il faut le changer

Il y a une fuite sous le WC

- cela est dû au joint à lèvre entre l'évacuation du toilette et la pipe, il faut alors enlever le toilette et changer le joint
- cela est dû à la cuvette, si celle-ci est fissurée ou cassée, alors il faut changer le toilette

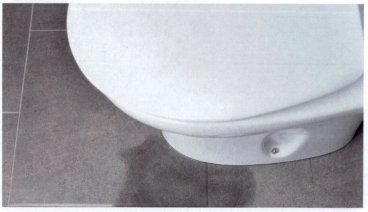

Source : www.mesdepanneurs.fr

Panne sur ballon d'eau chaude

Les pannes sur ballon d'eau chaude peuvent ressembler à :

Une fuite

- l'enveloppe est endommagée, il faut donc changer le ballon
- un joint fuit, il faut le changer

Un manque de production d'eau chaude

- vérifier que l'eau arrive bien jusqu'au ballon pour être chauffée
- vérifier que la résistance fonctionne, sinon il faut la changer
- vérifier le bon branchement électrique

Du tartre

- dans le ballon, dans ce cas commencer par vérifier visuellement la présence de tartre et selon le volume, changer le ballon ou le détartrer manuellement

- sur une des pièces comme le groupe de sécurité, il faut le détartrer ou le changer

Source : www.npm.fr

XIV Le gaz

Le gaz naturel est une énergie primaire, cale veut dire que le gaz trouvé dans la nature n'a pas besoin d'être transformé pour être utilisé.

Il provient de la décomposition de matières organiques présentes dans les sous-sol terrestres et marin. En France, le gaz que nous utilisons provient principalement de la Norvège, la Russie, les Pays-Bas et l'Algérie.

La chaine de distribution du gaz

Le gaz est d'abord extrait par forage dans les gisements marins ou terrestres.

Il est ensuite transporté dans de grosses canalisations sous terre ou dans la mer appelées gazoducs ou par des méthaniers (navires) par voie maritime pour être acheminé vers des zones de stockages.

Ces zones de stockages sont de grands réservoirs souterrains permettant aux fournisseurs et gestionnaires de gérer l'offre et la demande.

En France c'est la GRDF qui s'occupe de gérer le réseau de gaz, elle s'occuper de couper ou remettre le gaz d'un logement et d'en faire les relevé de compteur deux fois par an.

Comme pour l'eau, c'est une fois le gaz arrivé au compteur que commence le travail du plombier après compteur.

Les règles de sécurité sur une alimentation en gaz

A vu de sa dangerosité, le gaz est très réglementé.

Que ce soit au niveau du volume des locaux qui accueille un appareil à gaz, celui-ci doit mesurer plus de 8 mètres cubes et avoir une fenêtre dont l'ouverture est minimum de 40cm carré.

Concernant les fumées à évacuer, celles-ci doivent être reliés avec la gaine d'évacuation soit directement à une VMC, soit à un conduit de cheminée ou alors être équipé d'un système ventouse qui donne sur l'extérieur. Néanmoins, ce système ventouse doit se situer à :

- *- 60 cm d'une autre prise d'air*
- *- 30 cm de la toiture*
- *- 30 cm d'un balcon*
- *- 40 cm d'une ouverture*
- *- 15 cm d'un mur à 90°*

Pour le raccordement, seules trois matières sont autorisées, le cuivre, le polyéthylène et l'acier et il est interdit de raccorder les tubes avec des emboitures, piquages et raccords à visser américains.

De plus en logement individuel le compteur à gaz ne doit jamais être posé dans les WC, salle d'eau, sous un évier, dans le séjour ou la chambre.

Pour finir il est interdit d'implanter les tuyaux de gaz sous les caniveaux ou sous une construction sauf quand il s'agit d'une canalisation en cuivre qui vient raccorder un logement individuel si elle est dépourvue de raccord.

Les canalisations de gaz naturel dans le réseau public doivent obligatoirement être peintes en jaune, c'est la couleur du gaz. Il faut aussi coller une fiche avec la mention "gaz naturel" sur le tuyau.

Lors du passage dans une dalle ou dans un mur, il faut protéger le tuyau à l'aide d'un fourreau et dans le cas d'une pose enterrée, le tuyau doit être protégé par un fourreau PVC, enterré à 70 cm de profondeur minimum et recouvert d'un filet jaune faisant office d'avertisseur.

Les normes de certification

Pour travailler sur une installation domestique de gaz, le plombier doit respecter les règles régies par la norme NF P 45-500, cette norme définit les modalités de réalisation des diagnostics des installations domestiques de gaz.

Pour certifier la bonne installation domestique de gaz les entreprises peuvent être agréé par Qualigaz, société publique dont l'activité est le contrôle des installations domestiques de gaz et la délivrance de certificats de conformité de gaz.

Pour être agréé par Qualigaz, le plombier doit passer une formation théorique et pratique et avoir le certificat Professionnel du Gaz.

Il existe 3 types de certifications :

Le certificat de conformité modèle 1 (CC1) : concerne les installations neuves, modifiées ou complétée se situant dans un logement collectif

Le certificat de conformité modèle 2 (CC2) : concerne les installations neuves, modifiées ou complétées se situant dans un logement individuel ainsi que le remplacement d'anciens équipements domestiques (type chaudière) par des nouveaux se situant dans un logement individuel

Le certificat de conformité modèle 3 (CC3) : concerne la conformité des chaufferies de logements collectifs

WESLEY CANIONCQ

FORMATION AU CAP ÉLECTRICIEN

TOUT CE QUE VOUS DEVEZ SAVOIR
POUR DEVENIR ÉLECTRICIEN

Petit mot de l'auteur

Cher lecteur,

Tout d'abord, laissez-moi exprimer ma sincère gratitude pour avoir choisi mon livre « Formation au CAP Plombier » pour vous accompagner dans votre parcours d'apprentissage.

J'ai mis tout mon cœur et mon savoir-faire dans la création de cet ouvrage, dans le but de vous fournir des informations précises, claires et pertinentes sur le sujet des installations sanitaires. J'espère sincèrement qu'il répondra à toutes vos attentes.

Pour finir, si vous avez aimé ce livre, s'il vous a permis d'en apprendre plus sur le métier de Plombier ou sur l'installation sanitaire ou si vous avez quelques conseils constructifs que ce soit, n'hésitez pas à laisser une note suivie d'un petit commentaire sur Amazon.

Merci pour tout.

Boris Parsy

Annexe 1 : Les équipements de protection

Les EPI

EPI : Un Équipement de Protection Individuelle est un dispositif ou un moyen destiné à être porté ou être tenu par une personne en vue de la protéger contre un ou plusieurs risques susceptibles de menacer sa santé ainsi que sa sécurité.

- **Les lunettes de protection**, protège les yeux contre les projections ou les éclats lors des découpes, mais certaines aussi contre l'intensité lumineuse lors du soudage.

- **Le casque de chantier** protège la tête contre les chutes d'objets ou les chocs.

Ils ont une durée d'utilisation entre 2 à 4 ans.

- **Le casque anti-bruit** ou bouchons d'oreilles protègent les oreilles de tous types de bruits sur le chantier.

- **Les chaussures de sécurité** protègent les pieds contre des chutes d'objets, des cognements ou les perforations grâce à leurs coques à l'avant du pied et certaines fois à l'arrière du pied.

- **La tenue de manutention** protège le corps contre tous types de blessures (coupures, chocs, ...) et protège du contact avec certains produits nocifs.

- **Le masque** protège les poumons et voies respiratoires contre les poussières et les produits dangereux. Attention il existe plusieurs types de masques selon les produits avec lesquels on est amené à être en contact.

- **Les gants de manutention** protègent les mains contre les coupures, chocs ou le contact avec des produits nocifs, certains sont même isolés pour éviter les mauvaises surprises pendant la manipulation de câbles électriques.

Les EPC

EPC : Les Équipements de Protection Collectifs ont pour objet de mettre en œuvre une protection collective du personnel contre un risque déterminé susceptible de menacer leur santé ou leur sécurité.

- **Les gardes corps :** dispositif servant à prévenir des chutes en cas de travail en hauteur.

- **Les filets de protection antichute :** sert à éviter les chutes autant pour les ouvriers que pour leurs outils.

- **Le balisage pour chantier :** pour prévenir les artisans et les passants de la présence de zones dangereuses.

- **Les tapis anti-dérapants :** ils ont pour utilité d'éviter les glissades à cause d'eau ou de produits chimiques

- **L'extincteur de chantier :** utile en cas d'incendie sur le chantier

Annexe 2 : Les outils

Le niveau

Instrument souvent rectangulaire, qui sert à vérifier la bonne horizontalité (le niveau) ou verticalité (l'aplomb) d'une ligne grâce au liquide présent dans les fioles (éthanol la plupart du temps, du fait de sa haute résistance au froid).

Chaque fiole contient une bulle d'air et le marquage de deux traits qui servent de repères, si la bulle est entre les deux traits c'est qu'on est bien soit horizontal, soit vertical.

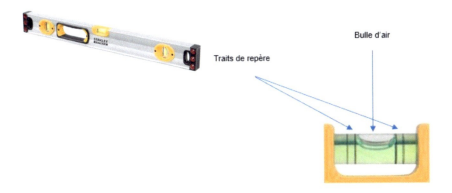

Bulle d'air

Traits de repère

A noter, il y a plusieurs types de niveau à bulle par exemple, le rectangulaire, le niveau à bulle de poche ou l'électronique. Chacun d'entre eux peut être aimanté ou non.

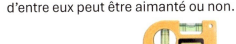

Le mètre ruban

C'est un instrument de mesure gradué en millimètres, centimètres et mètres qui s'enroule.

Ils peuvent être de longueurs différentes le plus souvent de 3m ou 5m de longueur.

En plomberie on l'utilise beaucoup notamment pour prendre des côtes, calculer des pentes.

Coque de protection

Bouton autoblocant

Butée

Ruban

L'équerre et la fausse équerre

L'équerre est un outil de géométrie gradué qui permet de tracer ou vérifier qu'un angle est bien à 90°.

Elles sont fréquemment utilisées dans les métiers du BTP et sont de toutes formes et matières.

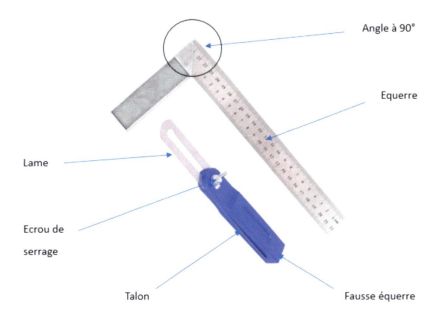

Angle à 90°

Equerre

Lame

Ecrou de serrage

Talon

Fausse équerre

La fausse équerre quant à elle est formée de deux parties, la lame qui est la partie mobile et le talon qui est la partie fixe (ici en bleu).

Cet outil, grâce à un écrou de serrage qui vient immobiliser les deux parties l'une à l'autre permet de reporter tout angle avec précision.

Le tournevis

Son nom en dit beaucoup, c'est un outil de poing qui sert à serrer ou desserrer tous types de vis. Son embout peut être de nombreuses formes tel que pour les plus connus :

      - Plat : en forme de fente, pour les vis traditionnelles

      - Cruciforme : en forme de croix pour une bonne accroche

      - Torx : en forme d'étoile

      - Allen : en forme hexagonale

Certains tournevis sont isolés (rouges et jaunes), donc ne laissent pas passer l'électricité. Très pratique pour les électriciens mais aussi pour le plombier, en cas raccordement électrique du ballon d'eau chaude par exemple !

Lame

Trou pour accrocher

Embout

Manche

Les clés

Outils à poings qui permettent de serrer et desserrer des pièces de métal ainsi que de les assembler. Il en existe beaucoup servant à des tâches différentes c'est pourquoi il faut bien les choisir.

La clé à molette, permet grâce à sa molette de régler sa mâchoire, peut remplacer plusieurs clés plates.

La clé plate, elle contient une mâchoire de diamètre différent à chaque extrémité utilisée pour les écrous à tête carrée ou hexagonal.

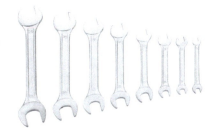

La clé mixte, contient comme la clé plate deux extrémités, en revanche celles-ci sont de même diamètre sur une même clé. Le changement est que d'un côté est en forme d'anneau pour nous permettre d'encercler l'écrou.

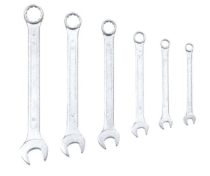

La clé à cliquet, composée d'un manche et du cliquettes douilles de différentes tailles pour serrer des écrous de toutes tailles. Outil parfait pour serrer dans des espaces restreints.

La clé Allen (souvent en jeu), en forme de L et avec un embout hexagonal qui permet de serrer ou desserrer des embouts ou vis à tête creuse. Souvent utilisée pour monter des meubles.

La clé à griffe, utilisée pour serrer ou desserrer les plus gros raccords, elle est plus large et plus résistante que les autres clés. Ses machoires striées permettent une bonne accroche.

La clé à lavabo, clé permettant de serrer et desserrer les raccords d'appareils sanitaires difficiles d'accès à l'aide de son long manche et sa mâchoire pivotante.

La lime

Elle sert nettoyer le surplus de matière sur une pièce en métal ou de réduire le diamètre d'un raccord.

Chaque lime est composée d'un manche et d'une lame.

Il en existe 4 types différentes :

- la lime plate

- la lime demi-ronde

- la lime carrée

- la lime triangulaire

Chacune est choisie selon la tâche à réaliser.

Le marteau

Outil de percussion composé d'un manche et d'une tête, permet d'enfoncer un clou, casser certains matériaux ou aplatir du métal.

Panne   Manche

Tête

Table

Il existe plusieurs types de marteaux :

     - le marteau de menuisier (celui présenté en image), très utilisé par le plombier pour enfoncer des clous, chevilles, ...

     - le marteau d'électricien, allongé et plat, pour travailler dans des endroits étroits

     - le marteau arrache clou qui porte son nom car sa fonction première est de retirer les clous mais sert aussi à en planter. Il a une tête arrondie

     - la massette, est utilisée quant à elle pour la démolition

     - le maillet, à une tête tendre pour ne pas abimer les matériaux

La perceuse/visseuse

Tout est dans le nom, cet outil sert à percer des trous de certains diamètres dans tous types de supports (bois, brique, métal, placo, …) à condition d'avoir des forets adaptés.

Il sert aussi à visser tous types de vis en ayant bien sûr, l'embout adapté fixé sur le porte embout tenu par la visseuse.

La boite de vitesse

La bague de réglage du couple

Le mandrin

Le moteur

Le variateur de vitesse

L'inverseur de sens de rotation

La batterie

La poignée

Les perceuses peuvent être filaires, sur batterie ou pneumatiques.

Et il existe aussi des perceuses manuelles, à percussion ou à colonne.

Le pistolet à silicone

Outil permettant de réaliser des joints (silicone, acrylique, ...), auquel on équipe une cartouche de la matière du joint souhaitée, et qu'on extrait grâce à une gâchette qui permet à la tige en acier d'exercer une pression sur le cul de la cartouche.

Le joint est réalisé pour rendre étanche.

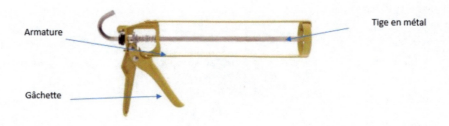

Armature

Tige en métal

Gâchette

En plus du pistolet à silicone classique, il existe aussi des pistolets à silicone électriques, plus facile d'utilisation car il ne nécessite aucune force et rend la poussée uniforme et donc la sortie de matière tout aussi uniforme.

La meuleuse/disqueuse

Outil composé d'un disque amovible, pour choisir sa matière selon la tâche à effectuer, pour couper du métal ou de la brique par exemple ce ne sera pas le même type de disque.

On peut aussi y monter des disques abrasifs sur la face pour le décapage de certaines pièces.

Le plombier utilise la meuleuse pour découper des matériaux rigides (brique, béton, métal, ...)

Poignée amovible

Batterie

Bouton de verrouillage de l'axe

Bouton marche/arrêt

Disque amovible

Carter de protection

La scie à métaux

La scie à métaux est une scie manuelle utilisée par le plombier pour découper du PVC, mais aussi du métal.

Elle est composée d'une poignée, d'un porte lame, d'un écrou de tension pour tendre la lame et d'une lame que l'on peut retourner.

Porte lame

Poignée

Ecrou de tension

Lame

Il existe plusieurs types de scie à métaux,

- la classique

- la junior pour couper des endroits difficiles d'accès

- la porte-lame, minimaliste, ergonomique

La pince multiprise

Outil indispensable composé de deux poignées, au bout de chacune d'elles se trouvent des dents, l'une avec de petites dents pour un serrage précis et l'autre plus grandes pour le serrage d'éléments plus gros.

Cet objet multifonctionnel permet de serrer, desserrer mais aussi de prendre et tenir tous types d'objets (lors des soudures pour tenir les tubes chauds par exemple).

Pour l'utiliser, avant de serrer un écrou, il faut adapter l'écartement de sa mâchoire à la taille de l'écrou.

Bec

Bouton de réglage

Poignées

Le coupe tube cuivre

Tout est dans le nom, le coupe tube cuivre est un petit outil facile d'utilisation qui sert à couper les tubes de cuivres sans bavures.

Roulette

Pommeau rotatif

Ebavureur

Pour couper du cuivre avec un coupe tube cuivre il faut :

- mesurer le tuyau et le marquer à l'endroit voulu

- insérer le coupe tube sur la marque du tube et faire tourner le pommeau pour faire sortir la roulette jusqu'à pénétrer légèrement le tuyau

- faire tourner le coupe tube autour du tube pour le marquer, serrer progressivement la roulette après quelques tours et continuer jusqu'à ce que le tube soit coupé

- pour finir, mettre l'ébavureur dans le tube et le faire tourner pour nettoyer l'intérieur de tout copeaux existants

Le décapeur thermique

C'est un outil électrique pouvant être filaire ou sur batterie qui souffle de l'air à haute température (600°C max) ce qui permet en plomberie de ramollir les raccords et permet de les décoller.

Sortie d'air chaud

Bouton marche/arrêt

Poignée

Câble d'alimentation

Pour décoller deux tubes, chauffer le raccord uniformément sur 10cm avec le décapeur thermique et quand le raccord est mou, il faut utiliser une pince multiprise pour retirer le tuyau que l'on va jeter de celui qui restera sur le chantier.

La pince à sertir

Pince pouvant être manuelle, électrique ou hydraulique.

Cette pince sert dans mise en installation sanitaire avec des tubes en PER ou multicouche. Grâce à elle il est possible de relier des tuyaux entre eux grâce au sertissage (compression) de chacun des tuyaux sur un raccords (en adaptant l'embout au diamètre du tube à sertir).

Ce sertissage permet d'éviter la soudure au plombier et est donc un gain de temps et reste une méthode sûre où la fuite est presque impossible en cas de bonne réalisation.

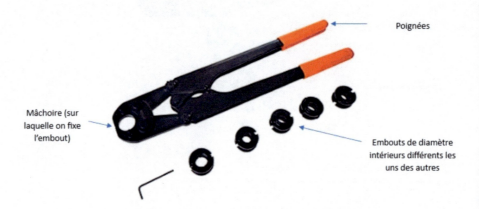

Poignées

Mâchoire (sur laquelle on fixe l'embout)

Embouts de diamètre intérieurs différents les uns des autres

La pince à cintrer

Aussi appelée cintreuse, la pince à cintrer composée d'un bras fixe, d'un bras amovible, d'un galet gradué et d'une buté est l'outil du plombier qui permet de courber les tuyaux de cuivre. Elle permet de réaliser des coudes de 0° à 180° avec un angle bien précis qu'on ne peut pas trouver dans le commerce pour éviter facilement les obstacles. Elle permet aussi d'éviter les soudures.

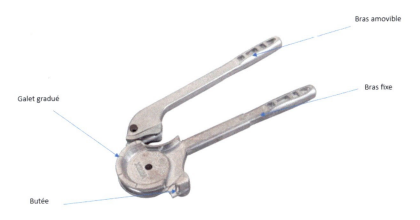

En plus de la pince à cintrer classique, il existe aussi d'autres cintreuses, comme montrées ci-dessous de gauche à droite nous avons la cintreuse arbalète manuelle, la cintreuse sur établi manuelle aussi et enfin la cintreuse hydraulique qui est une version améliorée des autres car elle permet le cintrage de coudes sans efforts.

Le chalumeau

Outil utilisé pour la soudure des pièces de métal, de mêmes matières ou non, il se compose de deux bouteilles, une d'acétylène et une d'oxygène. C'est la combustion du mélange de ces deux gaz qui crée la chaleur qui sort de la buse.

Il se compose ainsi :

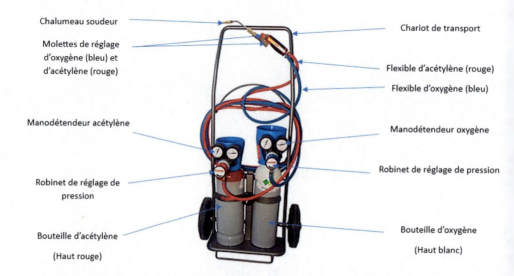

Chalumeau soudeur

Molettes de réglage d'oxygène (bleu) et d'acétylène (rouge)

Manodétendeur acétylène

Robinet de réglage de pression

Bouteille d'acétylène

(Haut rouge)

Chariot de transport

Flexible d'acétylène (rouge)

Flexible d'oxygène (bleu)

Manodétendeur oxygène

Robinet de réglage de pression

Bouteille d'oxygène

(Haut blanc)

Pour utiliser un chalumeau il faut :

- ouvrir les deux bouteilles grâce au robinet juste au-dessus
- régler les manomètres
        Celui d'acétylène à 0,5 bar de pression
        Celui d'oxygène à 1,5 bar de pression
- ouvrir l'acétylène (molette rouge) et l'enflammer
- régler l'oxygène (molette bleue) pour avoir un dard bien net (blanc)

Par sécurité, il faut :

     - toujours refermer les bouteilles après chaque utilisation

     - purger les tuyaux

     - ne jamais graisser les manomètres (risque de départ de feu)

     - desserrer les vis de réglage des bouteilles pour éviter l'éclatement des membranes

     - toujours régler les manomètres comme indiqué ci-dessus

Il existe deux types de chalumeaux :

L'oxyacétylénique, comme vu au-dessus est composé de deux bouteilles et marche au gaz acétylène, c'est le chalumeau professionnel. Dispose d'une grande autonomie avec ses bouteilles de grande taille.

Le bi-gaz, qui lui, fonctionne au gaz butane et est composé de deux petites bouteilles ce qui fait qu'il est léger et facilement transportable mais a une utilisation limitée.

La pince à emboiture

Pince permettant de raccorder deux tubes de cuivres sans raccord extérieur, la pince élargie l'extrémité d'un des deux tubes pour y introduire le deuxième. Il ne reste plus qu'à souder ce raccord pour le rendre hermétique.

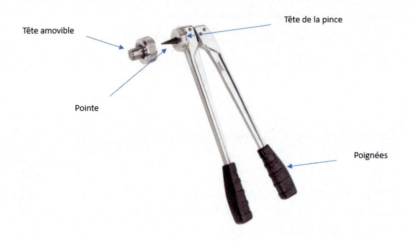

Pour utiliser une pince à emboiture il faut :

       - choisir et prendre la tête adaptée au tuyau à élargir (la taille de la tête doit être celle de l'extérieur du tube à élargir)

       - écarter les poignées au maximum ce qui fera rentrer la pointe) et visser la tête amovible sur la tête de la pince

       - mettre la tête amovible dans le tube et serrer les poignées de la pince pour faire ressortir la pointe ce qui va servir à ouvrir la tête amovible et donc écarter le tube

Ecartez à nouveau les poignées pour retirer la tête du tube, le tube est maintenant prêt à être emboité.

La matrice et toupie

Deux outils servant à la réalisation des collet battus ou écrou prisonniers ce qui avec un joint permet d'y raccorder un robinet. Pour raccorder la machine à laver par exemple.

La matrice ressemble à un étau percé de plusieurs trous (des diamètres des tubes en cuivre) servant à bloquer le tube avant la réalisation du collet.

La toupie quant à elle est un outil conique avec une tige, il se pose dans le tube en cuivre et en tapant dessus permet au tube de s'évaser.

<u>Pour réaliser un collet battu avec écrou prisonnier il faut</u> :

      - tout d'abord insérer l'écrou avant de réaliser le collet battu

      - mettre le tuyau dans la matrice coté chanfreiné et taper sur le tube à l'aide de la toupie et d'un marteau pour évaser le tube

      - desserrer la matrice et la retourner, remettre le tube et taper à nouveau pour aplatir complètement son extrémité

Il est maintenant possible de faire glisser l'écrou et avec l'aide d'un joint raccorder le tube à un robinet.

Le déboucheur à pompe

Outil à pompe qui sert à déboucher les canalisations en cassant le bouchon, il fonctionne comme une ventouse, on tire sur la poignée après avoir mis la bonde avec sa ventouse adaptée à l'appareil sanitaire dans celui-ci.

Manche

Piston

Poignée

Ventouse

Le furet

Comme le déboucheur à pompe le furet est aussi un outil permettant de déboucher des canalisations, il faut si nécessaire démonter le siphon (en cas de siphon plat), ensuite enfoncer l'extrémité du furet dans la canalisation et tourner le manche pour faire tourner une vis sans fin et donc la tige pour l'aider à se faufiler dans la canalisation.

Arrivé au bouchon il faut continuer de tourner le manche pour le percer et désobstruer le passage, ressortir le furet et enlever de la matière s'il y en a, ce qui peut l'empêcher de bien agripper le reste du bouchon et répéter l'opération jusqu'à la disparition totale de celui-ci.

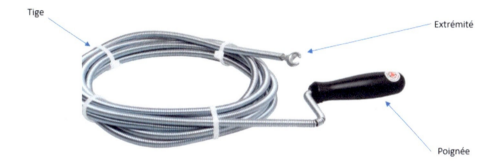

Tige

Extrémité

Poignée

Annexe 3 : Les accessoires

Les colliers, rosaces, pattes à vis

Les colliers de fixation servent à faire en sorte que les tuyaux ne le bougent pas, il y en a de nombreuses sortes, ils peuvent être simples ou doubles, de diamètres et matériaux différents.

Les rosaces d'écartement sont des pièces qui se calent entre le collier et la patte à vis, diamètres et tailles différentes, elles servent à garder un écart entre le tube et la paroi pour pouvoir installer des raccords plus facilement.

La patte à vis est une vis avec un filetage à la place de la tête, la pointe s'enfonce dans la maçonnerie alors que le filetage serré à la place de la tête sert placer le collier.

Les forets

Tiges filetées métalliques (aussi appelé mèches) permettant de réaliser des trous. Elles se fixe au niveau du mandrin de la perceuse et peuvent être de différentes tailles en fonction du diamètre du trou que l'on veut percer.

Pour percer le métal (aluminium, cuivre, ...) il y les forêts à métaux, avec un filetage en forme hélicoïdale et avec une tête conique munie de deux couteaux.

Pour percer le bois, il y a les mèches à bois qui ont la particularité d'avoir une pointe au bout de la mèche qui sert de repère de perçage afin de centrer le trou. Ces mèches sont faites en acier trempé.

Pour percer dans les matériaux lourds, tel que la brique, le parpaing, etc il y a les mèches à béton qui peuvent être recouvert de carbure de tungstène pour les matériaux les plus durs.

Pour percer le carrelage nous avons les forets à carrelage avec une pointe en carbure de tungstène très précise pour le perçage du carrelage et du verre !

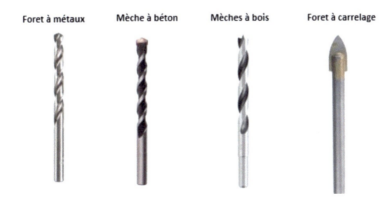

Foret à métaux   Mèche à béton   Mèches à bois   Foret à carrelage

La toile émeri

Toile recouverte d'un abrasif, ce qui servira au ponçage et décapage des matériaux, en plomberie nettoyer ou polir une surface. Notamment pour l'intérieur et extérieur des tubes d'évacuation en PVC pour pouvoir les assembler au collage.

La toile émeri porte un numéro selon son grain, plus le numéro est bas plus le grains est épais et inversement, par exemple un grain 40 ou 60 sera beaucoup plus décapant qu'un grain 240.

La colle PVC

Colle sous forme liquide qui est conçue spécialement pour les raccords PVC rigides.

Il faut simplement grâce au pinceau présent dans la bouteille appliquer de la colle à l'intérieur d'un raccord et à l'extérieur d'un autre après les avoir nettoyés avec de la toile émeri pour les coller l'un à l'autre. Il faut laisser sécher 15 minutes.

Il existe des colles professionnelles qui sèchent en beaucoup moins de temps, pratique pour aller plus vite mais ici, l'erreur n'est pas permise.

A noter, l'assemblage des tubes PVC par façonnage à chaud est interdit.

La pâte et filasse

La filasse est de la fibre de lin vendue sous forme de bobine, se serre dans le sens des aiguilles d'une montre autour d'un raccord mâle.

La pâte d'étanchéité est déposée sur la filasse après sa pose sur le raccord.

Ce qui constitue le joint filasse, permettant l'étanchéité du raccord mâle avec le raccord femelle qui viendra se fixer.

A noter : le joint filasse ne s'effectue que pour rendre étanche des raccords mâles et femelle en laiton, fixes (pas d'écrou libre/ prisonnier) et pour une longue durée.

Les joints

Un joint d'étanchéité est
une petite rondelle
permettant d'éviter les
fuites au niveau d'un
raccord. On le choisi en
fonction du diamètre du
raccord à étanchéifier et
de son usage.

Il existe donc plusieurs types de joints :

Millimètre		Pouce
5/10	=	1/8''
8/13	=	1/4''
12/17	=	3/8''
15/21	=	1/2''
20/27	=	3/4''
26/34	=	1''
33/42	=	1''1/4
40/49	=	1''1/2
50/60	=	2''
60/70	=	2''1/4
66/76	=	2''1/2
80/90	=	3''

- le joint rouge (en
fibre vulcanisée)
sert pour l'eau
chaude, maximum
70°

- le joint bleu (en
kevlar) sert pour le
gaz

- le joint noir (en
caoutchouc) sert
pour les raccords à
visser sans trop de pression comme les siphons

Le joint possède un diamètre intérieur et un diamètre
extérieur, ils peuvent être en millimètre ou en pouce

La scie cloche

Outil qui se fixe sur le mandrin d'une visseuse et permet de percer des trous de diamètre importants. Pour faire passer des tubes par exemple.

Il existe deux types de scie cloche :

      - la scie cloche classique pour le perçage de matériaux tendres comme le placo, le bois, le métal fin

      - la scie cloche trépan utilisée pour percer dans des matériaux durs comme le béton, la brique, le métal épais

Le décapant

Utilisé pour les soudures, le décapant fluidifie le métal apporté et nettoie les métaux assemblés pendant la soudure.

Le décapant est obligatoire pour les soudure cuivre/ laiton mais pas pour les soudure cuivre/ cuivre.

Il peut être présent sous forme de pâte ou de poudre.

La baguette de soudure (ou brasure)

Baguette faite de cuivre ou d'aluminium qui sert à apporter le métal à la soudure qui fera la jonction de deux pièces.

Les baquettes de soudures sont obligatoires pour la soudure des pièces cuivre/ cuivre et laiton/ cuivre.

Il y a deux types de baguettes car il y a deux types de soudures, tel que :

- la brasure forte (+450°C), réalisée à l'aide de chalumeau monogaz ou bi-gaz (oxyacétylénique) et à l'aide de baguettes cupro-phosphores (cuivre).

- la brasure tendre (-450°C), réalisée à l'aide d'un chalumeau monogaz, bi-gaz ou une lampe à souder et avec des baguettes à l'étain (sous forme de bobines) ou des baguettes en aluminium.

Le pare flamme

Dispositif en fibre de silice ou fibre de verre, permettant au plombier de ne pas brûler sols et murs en cas de soudure.

Il existe plusieurs types de pare-flamme :

     - le stopFlam 5450, le pare-flamme basique, taille 25x20cm et 13mm d'épaisseur et composé de silice et fibre de verre

     - le protectFlam 5451, fin et très efficace, composé de silice et d'aluminium

     - le protectFlam 5457, vendu sous forme de rouleau de 1m15 de long sur 50cm de large, composé de fibre de verre aiguilletée

Les gaines

Les gaines de protection des tuyaux d'arrivée d'eau en plomberie sont utilisées en cas d'installation en encastré, dans le sol ou les murs après réalisation d'une tranchée.

Ces gaines permettent de protéger les tuyaux de la corrosion et également de garder la chaleur dans les tuyaux.

Les gaines peuvent être vendues sous forme de couronne de gaine que le plombier doit enfiler lui-même mais on peut aussi trouver des gaines déjà incorporées au tuyau en vente, choix qui augmentera la rapidité de l'ouvrage mais qui sera également plus couteux.

Les calorifuges

Le calorifugeage des réseaux signifie isoler la tuyauterie d'un logement avec des matériaux peu conducteurs en chaleur.

Calorifuger les réseaux sert donc à éviter aux tuyaux de geler et à faire des économies d'énergie et d'argent.

Les calorifuges existent sous forme :

- de coquilles isolantes

- de manchons en mousse plastique

- de bandes d'isolation thermiques

Annexe 4 : Les tubes

Le tube polyéthylène

Le polyéthylène (PE) ou polyéthylène haute densité (PEHD) est un matériau très utilisé partout dans le monde depuis son invention dans les années 50 notamment en plomberie pour l'alimentation générale en eau du domicile avant compteur (mais aussi pour l'arrosage). Il est le plus souvent enterré en extérieur.

Il existe plusieurs couleurs de tubes PEHD pour un domicile en fonction de son utilisation :

> - noir à traits bleu pour l'eau potable

> - noir à traits jaune pour le gaz

L'avantage de ce type de type est qu'il est peu cher, très résistant, assez souple, résiste aux grosses pressions, résiste au gel et à une grande durée de vie. Il est vendu sous forme de couronnes ou de tubes droits.

En revanche le seul inconvénient que l'on pourrait lui trouver est la complexité qu'il y a de le raccorder à un autre tuyau.

Le PER

Le PER ou Polyéthylène Réticulé est un matériau utilisé pour la fabrication des tubes de plomberie, aussi bien pour acheminer l'eau froide sanitaire (tuyaux bleus) que l'eau chaude sanitaire (tuyaux rouges).

Mais aussi pour l'acheminement de l'alimentation des chauffages en eau.

Le PER est le matériau le moins couteux en plomberie en ce qui concerne la mise en installation sanitaire comparé au cuivre et au multicouche dont nous parlerons juste après.

Il est vendu en couronne déjà gainé.

Par sa faible rigidité il est aussi le plus facile à installer, ne nécessitant de soudure ni pour le cintrage qui se fait à la main ni pour le raccorder à quelque raccord que ce soit, une pince à sertir suffit. Il est très résistant au gel et ne permet pas au calcaire de se fixer sur ses parois.

En revanche il connait une forte dilation et ne peut être installé en apparent comme le cuivre ou le multicouche au vu de son esthétique.

Une installation en PER à une durée de vie d'environ 50 ans.

Le Multicouche

Le multicouche, assemblage de deux couches de polyéthylène réticulé autour d'une lame d'aluminium est un matériau utilisé pour la mise en installation sanitaire des logements en eau chaude et froide mais aussi pour l'alimentation en eau des chauffages.

Le multicouche est un matériau moins couteux que le cuivre mais plus que le PER.

Celui-ci en revanche peut être vendu sous forme de couronne en cas de grande longueur mais aussi sous forme de barre pour les longueurs d'environ 1m50 car comparé au PER il est assez rigide pour garder la forme qu'on lui donne après cintrage, cintrage qui peut être réalisé simplement à la main.

Le multicouche est un matériau très facile d'installation, ne nécessitant pas de soudure, tout comme le PER une pince à sertir (ou sertisseuse) suffit pour rendre étanche les raccords.

Il est aussi très résistant à la corrosion et à la chaleur.

En revanche au vu de sa récente apparition sur le marché nous avons encore peu de recul sur lui pour parler de sa durée de vie mais celle-ci devrait être supérieure à celle du PER (on parle d'environ 50 ans).

Le cuivre

Le cuivre est très utilisé en plomberie et depuis de nombreuses années car très résistant autant à la corrosion qu'à la rouille.

Ce qui fait donc de lui le matériau le plus sûr et le plus résistant dans le temps qui soit en ce qui concerne l'installation sanitaire d'un logement.

Il faut quand même savoir qu'il y deux types de cuivre dans le commerce :

- le cuivre écroui vendu sous forme de barre de 1,2,3,4,5 mètres.   Celui-ci doit être chauffé avant d'être cintrer à cause de sa rigidité.

- le cuivre recuit vendu sous forme de couronnes de 10, 25, ou 50 mètres. Celui-ci reste plus malléable, on peut donc le cintrer sans être chauffé. Néanmoins il reste un matériau très rigide.

En revanche, la problématique principale du cuivre est son prix, beaucoup plus élevé que le PER ou le multicouche, sans compter qu'il est plus compliqué d'installation (il faut savoir souder) et nécessite l'acquisition d'outils tout aussi chers.

Le PVC

Le PVC est un matériau très utilisé pour les évacuations des eaux usées. Il a remplacé le plomb maintenant interdit dans le bâtiment.

Les tubes en PVC sont assez légers, facile à installer et peu onéreux.

Malgré tout, ces tubes sont tout de même peu esthétiques et plus fragiles que ceux des autres matériaux. En plus de cela le PVC est un mauvais isolant phonique.

La fonte

Métal utilisé pour les évacuations d'eau pluviale et eaux usées, il reste un matériau noble plus résistant que le PVC (résistant au feu) et isole mieux phoniquement.

En revanche, il est beaucoup plus lourd que le PVC et est beaucoup plus onéreux.

Annexe 5 : Les raccords

Cuivre

Les coudes, à souder, peuvent être de degrés et diamètres différents.

Le manchon, peut être égal (même diamètre de chaque côté comme l'image de gauche) ou peut être réducteur (diamètre de sortie plus petit que celui d'entrée comme sur l'image de droite).

Le Té, une entrée et deux sorties dont une peut être réduite comme sur l'image de droite.

Le chapeau de gendarme, aussi appelé saut de tube, il sert à passer au-dessus d'un obstacle comme un autre tube pour acheminer l'eau vers l'appareil sanitaire.

Laiton

Le bouchon, à souder ou à visser (mâle ou femelle) le bouchon sert à arrêter l'acheminement de l'eau dans un tube, soit pour condamner un tube soit pour le mettre en stand-by pour d'éventuels travaux ultérieurs.

Le mamelon, raccord simple soit uniquement à visser avec un filetage Mâle de chaque côté ou à souder avec un côté à souder et un filetage Mâle de l'autre côté. Peut-être réducteur.

Le coude, toujours à 90°, peut être Mâle/Mâle, Femelle/Femelle ou Mâle/Femelle et peut être composé en cas d'un embout femelle d'un écrou libre (Image de droite).

Le Té, pour acheminer l'arrivée d'eau vers plusieurs endroits, peut être M/M/M (image de gauche), F/F/F ou M/M/F (image de droite) avec écrou libre ou non.

Le manchon, raccord simple soit uniquement à visser avec un filetage Femelle de chaque côté ou à souder avec un côté à souder et un filetage Femelle de l'autre côté. Peut-être réducteur.

Le coude, à coller peut être F/F ou M/F. Et peut-être de diamètres différents.

La culotte, raccord utilisé pour réunir deux écoulements, peut-être de diamètres et degrés différents.

Le Té, utilisé pour réunir deux écoulements vers un seul.

Peut-être F/F/F ou M/F/F.

Le manchon, égal ou réduction, il sert à raccorder deux tubes.

Les réductions, il en existe beaucoup, de diamètres différents pour raccorder les tubes entre eux.

Les manchettes, composé d'un côté M et d'un F, elles sont utilisées en cas de tube cassé. La partie mâle est à insérer dans le tube et laisse dépasser la partie femelle.

Le tampon de réduction, inséré dans un tube de 100 pour y raccorder 1 à 3 tubes de diamètre inférieurs pour l'évacuation des eaux usées.

La selle, à coller, utilisée pour relier un tube d'évacuation à une canalisation principale en ayant au préalable fait un trou à la scie cloche dans le tube de 100.

Annexe 6 : Les outils d'électricien

La pince coupante

Composée de deux poignées, souvent isolées, d'une charnière pour ouvrir et fermer les mâchoires et d'une tête en acier avec deux lames pour couper les fils électriques.

La pince coupante diagonale juste au-dessus n'est pas la seule qui existe, il y aussi par exemple la pince coupante de devant, comme son nom l'indique elle sert à couper les câbles de devant.

La pince à dénuder

Outils qui se compose de deux
poignées souvent isolées et d'une
tête en acier avec deux lames
tranchantes de forme triangulaire
pour laisser passer la partie
conductrice du câble.

Cette pince sert donc à dénuder les câbles électriques pour
permettre le branchement aux appareils électriques.

Charnière

Poignées

Lames

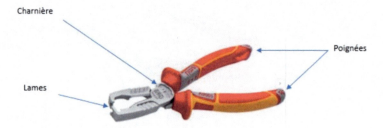

La pince ampèremétrique

Outil servant à mesurer la tension
électrique, pour cela il faut le brancher en
parallèle dans le circuit électrique à
mesurer.

Attention toutefois à toujours porter des
gants isolants pendant la mesure et éviter
de toucher les pointes conductrices.

L'EP1 Sujet avec correction

Source : eduscol.education.fr

CAP

Monteur en Installations Sanitaires

ÉPREUVE EP1

ÉTUDE ET PRÉPARATION D'UNE INTERVENTION

Durée : 3h00 – Coefficient : 4

Session 2020

DOSSIER CORRIGÉ

L'usage de calculatrice avec mode examen actif est autorisé.
L'usage de calculatrice sans mémoire, « type collège » est autorisé.

	THÈMES D'ÉTUDE	BARÈME
	LA RECHERCHE ET L'EXPLOITATION DE DONNÉES	
1	Étude 1 : Exploitation de la maquette numérique	/15
	Étude 2 : Vérification des caractéristiques des appareils sanitaires	/10
2	LA PLANNIFICATION DES TRAVAUX	/21
3	LE BRANCHEMENT AU RÉSEAU EAU POTABLE	/24
4	LE PLAN PARTICULIER DE SÉCURITÉ ET DE PROTECTION DE LA SANTÉ	/10

TOTAL	/80
TOTAL	/20

CAP MONTEUR EN INSTALLATIONS SANITAIRES	CORRIGÉ	Coefficient : 4	SESSION 2020
ÉPREUVE : EP1 ÉTUDE ET PRÉPARATION D'UNE INTERVENTION	Durée : 3 h 00	Code : C 2006-CAP MIS EP1	Page 1/9

L'épreuve permet d'évaluer les compétences suivantes :

C 1.1 : Compléter et transmettre des documents
C 2.1 : Décoder un dossier technique d'installation sanitaire
C 2.2 : Choisir les matériels et les outillages

Thème 1 : Recherche et exploitation de données
(L'étude des questions est à réaliser avec la maquette numérique).

Mise en situation

En tant que professionnel de la spécialité, vous êtes chargé(e) de réaliser l'intégralité des installations sanitaires d'un pavillon. Le maître d'œuvre a fait parvenir une maquette numérique du projet à toutes les entreprises.

Votre employeur vous demande de rechercher certaines informations afin de finaliser la préparation de travaux.

Étude 1 : Exploitation de la maquette numérique. (Durée indicative 1 heure maximum) Dans le tableau ci-dessous :

- **indiquer** à l'aide d'une croix les différents points d'eau à prévoir dans les pièces humides,
- **donner** - Le nombre et la quantité des appareils à desservir (sanitaires et électroménagers)   -
  Le branchement d'eau potable se trouve dans le local technique.

CAP MONTEUR EN INSTALLATIONS SANITAIRES	CORRIGÉ	Coefficient : 4	SESSION 2020
ÉPREUVE : EP1 ÉTUDE ET PRÉPARATION D'UNE INTERVENTION	Durée : 3 h 00	Code : C 2006-CAP MIS EP1	Page 2/11

RÉCAPITULATIF DES PIÈCES HUMIDES

REZ-DE-CHAUSSÉE		(1) EFS	(2) ECS	(3) RAM	Appareils à desservir
PIÈCES	Cuisine	X	X	X	1 Évier et 1 Lave-vaisselle
	Cellier	X	X		1 Chauffe-eau électrique
	Salle de Bains 1	X	X	X	2 Vasques, un bac receveur de douches et 1 Lave-linge
	WC 1	X	X		1 Cuvette et 1 Lave mains
ÉTAGE		EFS	ECS	RAM	Appareils à desservir
PIÈCES	Salle de Bains 2	X	X		2 Vasques, une baignoire
	WC 2	X	X		1 Cuvette et 1 Lave mains
	Cellier	X	X		1 Chauffe-eau électrique

(1) EFS : Eau Froide Sanitaire   (2) ECS : Eau Chaude Sanitaire   (3) RAM : Robinet d'Alimentation Machine

......./ 12

On donne :

- Un extrait du CCTP, - Le dossier de plans, - La maquette numérique.

2.1) - **Vérifier** sur la maquette numérique les caractéristiques de la baignoire prévue par l'architecte.

- Longueur : **1800** mm   ..../ 1

- Largeur : **800** mm   ..../ 1

Les dimensions trouvées correspondent au CCTP, cochez la bonne affirmation.
Oui ☐   Non ☒   ..../ 1

CAP MONTEUR EN INSTALLATIONS SANITAIRES	CORRIGÉ	Coefficient : 4	SESSION 2020
ÉPREUVE : EP1 ÉTUDE ET PRÉPARATION D'UNE INTERVENTION	Durée : 3 h 00	Code : C 2006-CAP MIS EP1	Page 3/11

Étude 2 : *Vérification des caractéristiques des appareils sanitaires.*

2.2) – A l'aide du CCTP, **vérifier** les caractéristiques de la baignoire.
Afin de préparer l'approvisionnement du chantier, il est nécessaire de vérifier la disponibilité de la baignoire auprès du fabriquant. Votre chef d'équipe vous demande de relever les références de l'appareil.

- Fabricant : **JACOB DELAFON** ..../ 1 - Référence : **E60900** ..../ 1 - Modèle : **CORVETTE** ..../ 1 - Forme : **Rectangulaire** ..../ 1
- Matériau : **Acrylique renforcé à charge minérale** ..../ 1

2.3) – **Identifier** les modèles de cuvettes à installer dans le pavillon. (voir dans le CCTP).

- Rez-de-chaussée : sur pied ☐ suspendu ■ ..../ 1

- Étage : sur pied ☐ suspendu ■ ..../ 1

Cuvette sur pied   Cuvette suspendue

2.4) – **Déterminer** le système de fixation du lave-mains situé à l'étage dans le WC 2.
Une cheville se choisit selon le support sur lequel elle est fixée, soit dans un matériau plein (béton, pierre, etc...) ou dans un matériau creux (brique, parpaing, Placoplatre, etc.)

Identifier la nature du support sur lequel est fixé le lave-mains.
Nature, composition du support : **Plaque de Plâtre** **sur ossature métallique** ..../2

En vous aidant de la maquette numérique, **entourer** le type de cheville adaptée pour fixer le lave mains.

Type 1 : Les chevilles pour matériaux pleins

CAP MONTEUR EN INSTALLATIONS SANITAIRES	CORRIGÉ	Coefficient : 4	SESSION 2020
ÉPREUVE : EP1 ÉTUDE ET PRÉPARATION D'UNE INTERVENTION	Durée : 3 h 00	Code : C 2006-CAP MIS EP1	Page 4/11

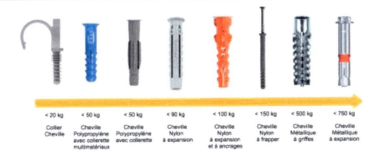

< 20 kg	< 50 kg	< 50 kg	< 90 kg	< 100 kg	< 150 kg	< 500 kg	< 750 kg
Collier Cheville	Cheville Polypropylène avec collerette multimatériaux	Cheville Polypropylène avec collerette	Cheville Nylon à expansion	Cheville Nylon à expansion et à ancrages	Cheville Nylon à frapper	Cheville Métallique à griffes	Cheville Métallique à expansion

Type 2 : Les chevilles pour plaque de plâtre et complexes isolants

≤ 5 kg	≤ 10 kg	≤ 10 kg	≤ 15 kg	≤ 20 kg	≤ 20 kg	≤ 50 kg	≤ 80 kg
Cheville à ailettes	Cheville crampon	Cheville à déformation	Cheville autoperceuse à expansion	Cheville à visser	Cheville à expansion (Molly)	Cheville à expansion (Molly)	Cheville à verrouillage de forme

......../   1

Thème 2 : **Planification des travaux** <u>On donne</u> :

- Le planning des travaux

CAP MONTEUR EN INSTALLATIONS SANITAIRES	CORRIGÉ	Coefficient : 4	SESSION 2020
ÉPREUVE : EP1 ÉTUDE ET PRÉPARATION D'UNE INTERVENTION	Durée : 3 h 00	Code : C 2006-CAP MIS EP1	Page 5/11

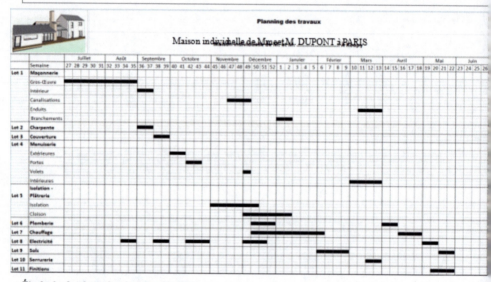

Planning des travaux

Maison individuelle de Mme et M. DUPONT à PARIS

Étude 1 : Analyse du planning "Gantt"

1.1) – Indiquer le numéro de la semaine prévue pour le début des travaux de la construction.

Au début du mois de juillet, la semaine n°27 ..../ 1

1.2) – Indiquer le numéro de la semaine prévue pour le début des travaux de plomberie.

Au début du mois de décembre, la semaine n°50 ..../ 1

1.3) – Calculer la durée totale de semaines prévue pour les travaux de plomberie.

Cinq semaines réparties sur deux périodes ..../ 2

1.4) – Citer les autres lots présents sur le chantier pendant les travaux de plomberie.

Lot n°5 Isolation & Cloisons, Lot n°7 Chauffage, Lot n°8 Electricité. ..../ 2

CAP MONTEUR EN INSTALLATIONS SANITAIRES	CORRIGÉ	Coefficient : 4	SESSION 2020
ÉPREUVE : EP1 ÉTUDE ET PRÉPARATION D'UNE INTERVENTION	Durée : 3 h 00	Code : C 2006-CAP MIS EP1	Page 6/11

Étude 2 : Préparation de la commande des matériels et des équipements <u>On donne</u> :

- Un extrait du CCTP   - Le dossier de plans

- Une bibliothèque de prix (DT 10/11)

Répertorier les appareils sanitaires prévus dans les pièces "SDB R+1" et "WC R+1" et compléter le bon de commande ci-dessous.

| | BON DE COMMANDE | | A: ▮▮▮▮▮▮▮ | |
			Le : ▮▮▮▮▮	
Chantier	Commande établie par : Le Chef	**NOM DU FOURNISSEUR**		
Référence	**Désignation**	**Quantité**	**Prix Unitaire**	**Prix Total**
E4799G	Lave-mains céramique 40x21	1	120,00	120,00
E78297	Siphon "Design" Chromé court	1	35,00	35,00
E78111	Robinetterie mitigeur avec levier	3	60,00	180,00
E4570	Cuvette suspendue sans bride	1	267,00	267,00
E4311	Bâti support au sol	1	145,00	145,00
8409 K	Abattant thermodur déclipsable	1	67,00	67,00
E4316	Plaque de commande carrée D.T.	1	37,00	37,00
E60900	Baignoire acrylique rectangulaire	1	395,00	395,00
E6D042	Pare-bain vitré STRUKTURA	1	220,00	220,00
E99741	Colonne bain avec mitigeur Therm	1	127,00	127,00
EXF112-00	Plan-vasque double 120 x 48 cm	1	487,00	487,00
EB1287	Meuble sous plan-vasque	1	549,00	549,00

	Montant total	2 629,00

......../ 15

Thème 3 : Le branchement au réseau eau potable

Étude : **Les organes d'un branchement d'eau potable.**

On donne :
- les différents accessoires du branchement d'eau et leur symbole,
- la documentation "OOREKA" (DT 9/11).

1) - **Donner** le nom et la fonction de chacun des organes nécessaires au branchement d'eau.

Désignation	Matériel	Symbole	Fonction
Compteur EF		EF	C'est un appareil de mesure permettant d'évaluer la consommation d'eau d'une installation.
Vanne d'arrêt			Elle permet d'isoler le branchement de l'installation pour intervenir librement sur celle-ci en cas de réparation ou de modification.
Robinet d'arrêt			Il permet d'isoler le branchement du réseau urbain pour une éventuelle intervention sur les différents organes

Réducteur de pression	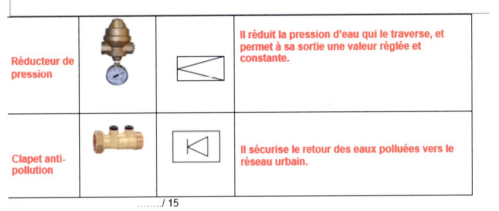		Il réduit la pression d'eau qui le traverse, et permet à sa sortie une valeur réglée et constante.
Clapet anti-pollution			Il sécurise le retour des eaux polluées vers le réseau urbain.

......../ 15

2) - En vous aidant du CCTP, compléter le schéma de principe ci-dessous, en indiquant dans les cases les symboles schématiques.

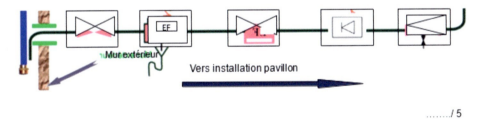

Mur extérieur

Vers installation pavillon

......./ 5

3) - Le client souhaite vérifier sa consommation d'eau sur une période d'un mois. **Calculer** la consommation par rapport aux indications des compteurs.

CAP MONTEUR EN INSTALLATIONS SANITAIRES	CORRIGÉ	Coefficient : 4	SESSION 2020
ÉPREUVE : EP1 ÉTUDE ET PRÉPARATION D'UNE INTERVENTION	Durée : 3 h 00	Code : C 2006-CAP MIS EP1	Page 9/11

Compteur en début de mois

Compteur en fin de mois

Relever le compteur en début de mois : **125,511** m³
Relever le compteur en fin de mois : **134,464** m³

<u>Consommation</u> : (justifier le calcul)
Consommation = **134,464 m³ – 125,511 m³ = 8,953 m³**

Consommation = **134 464 litres – 125 511 litres = 8 953 litres**

......./ 4 <u>**Thème 4**</u> : Le plan particulier de sécurité et de la protection de la santé

On donne :

- La Fiche EPI «PLOMBIER - CHAUFFAGISTE» (DT 11/11)

Compléter le tableau en indiquant le ou les équipements de protection individuels que vous devrez prévoir en fonction de la nature du risque.

Définition des tâches	Nature du risque	Mesure de prévention (Équipement de protection à prévoir)

CAP MONTEUR EN INSTALLATIONS SANITAIRES	CORRIGÉ	Coefficient : 4	SESSION 2020
ÉPREUVE : EP1 ÉTUDE ET PRÉPARATION D'UNE INTERVENTION	Durée : 3 h 00	Code : C 2006-CAP MIS EP1	Page 10/11

Manipulation d'appareil lourd (ex : chauffe-eau)	La prise en mains qui glisse et l'appareil tombe sur les pieds.	Porter des gants et Des chaussures de Sécurité.
Utilisation d'un chalumeau (ex : soudure)	Il existe toujours une possibilité de se brûler les mains ou les vêtements.	Porter des gants et des vêtements appropriés pour ce travail.
Utilisation d'un marteau et pointe à béton (ex : percement trou)	Des éclats de béton peuvent être violemment projetés dans toutes les directions.	Porter des gants et des lunettes de protection.
Réalisation d'un raccordement électrique (ex : chauffe-eau)	Il existe une possibilité de se faire électriser ou électrocuter.	Couper le courant et effectuer les travaux de raccordement.
Réalisation de travaux à plus de 2,50 m de haut (ex : fixation de canalisation)	Une chute de personne n'est pas à exclure durant les travaux en hauteur.	Utiliser un échafaudage avec toutes les sécurités nécessaires (garde-corps, harnais de sécurité, stabilité matériel, etc...)

......../ 10

EP1 Dossier technique

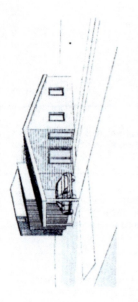

Construction d'une maison individuelle

CAP MONTEUR EN INSTALLATIONS SANITAIRES	Code : DT 2004 CAP MIS EP1	Session 2020	DOSSIER TECHNIQUE
EPREUVE EP1 : Etude et préparation d'une intervention	Durée : 3h00	Coefficient : 4	DT 1/11

C.A.P. Monteur en Installations Sanitaires

SESSION 2020

DOSSIER TECHNIQUE

Ce dossier sera utilisé pour l'épreuve EP1

- Le dossier technique comprend les documents numérotés de **DT 1/11** à **DT 11/11**
  - DT 1/11 _____ Page de garde
  - DT 2/11 _____ Plan de situation
  - DT 3/11 _____ Plan de masse
  - DT 4/11 _____ Les façades
  - DT 5/11 _____ Les niveaux
  - DT 6/11 _____ Les coupes
  - DT 7/11 _____ CCTP Lot Plâtrerie – Isolation
  - DT 8/11 et 9/11 _____ CCTP Lot Plomberie – Sanitaire
  - DT 10/11 _____ Bibliothèque de prix bâtiment et doc "OORÉKA"
  - DT 11/11 _____ Fiche EP1

L'entreprise qui vous emploie est chargée de l'intégralité des travaux d'installations sanitaires du pavillon défini sur les pièces écrites et graphiques du dossier technique.

178

Vous êtes en possession de deux dossiers et d'une maquette numérique

Ces dossiers et la maquette numérique constituent un ensemble permettant à un monteur en installations sanitaires de préparer et d'exécuter ses activités dans les meilleures conditions.

1	UN DOSSIER SUJET / REPONSES	DR 1/9 à DR 9/9

Il est constitué d'un questionnaire portant sur :

- la recherche d'informations techniques.
- les techniques de réalisation du métier de monteur en installations sanitaires.

2	UN DOSSIER TECHNIQUE	DT 1/11 à DT 11/11

Il est constitué :

- de plans d'un pavillon,
- de documents techniques

3	UNE MAQUETTE NUMERIQUE	BIM VISION

Cette maquette numérique vous permet de visualiser le pavillon à l'aide d'une visionneuse intitulée "BIM VISION" (pièces, appareils sanitaires et chauffages, etc....) et de recueillir des informations utiles à la réalisation des travaux.

CONSIGNES

Pour traiter les questions du dossier sujet, l'indication notée DT vous guidera pour la recherche des informations dans le dossier technique.

PLAN DE SITUATION

Echelle 1 : 2500

CAP MONTEUR EN INSTALLATIONS SANITAIRES	Code : DT 2006 CAP MIS EP1	Session 2020	DOSSIER TECHNIQUE
EPREUVE EP1 : Etude et préparation d'une intervention	Durée : 3h00	Coefficient : 4	DT 2/11

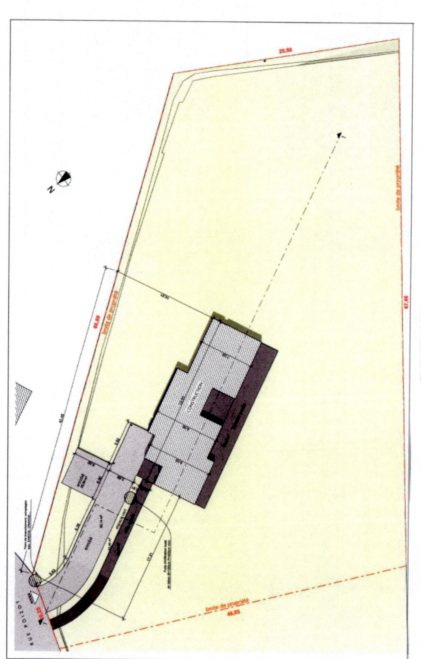

PLAN DE MASSE

Échelle 1 : 200

CAP MONTEUR EN INSTALLATIONS SANITAIRES	Code : DT 2006 CAP MIS EP1	Session 2020	**DOSSIER TECHNIQUE**
EPREUVE EP1 : Etude et préparation d'une intervention	Durée : 3h00	Coefficient : 4	DT 3/11

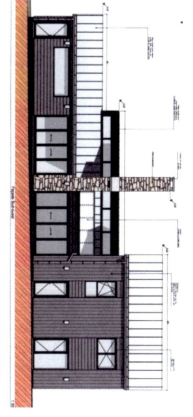

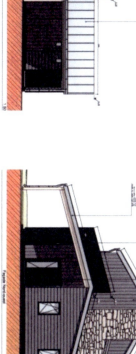

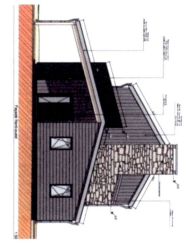

LES FACADES

Échelle 1 : 50

CAP MONTEUR EN INSTALLATIONS SANITAIRES	Code : DT 2006 CAP MIS EP1	Session 2020	DOSSIER
EPREUVE EP1 : Etude et préparation d'une intervention	Durée : 3h00	Coefficient : 4	TECHNIQUE
			DT 4/11

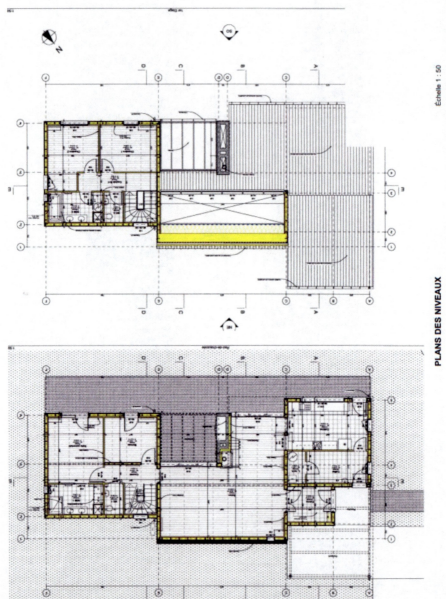

PLANS DES NIVEAUX

Échelle 1 : 50

CAP MONTEUR EN INSTALLATIONS SANITAIRES	Code : DT 2006 CAP MIS EP1	Session 2020	DOSSIER TECHNIQUE
EPREUVE EP1 : Etude et préparation d'une intervention	Durée : 3h00	Coefficient : 4	DT 5/11

LES COUPES

Échelles 1 : 50 et 1 : 20

CAP MONTEUR EN INSTALLATIONS SANITAIRES	Code : DT 2006 CAP MIS EP1	Session 2020	DOSSIER TECHNIQUE
EPREUVE EP1 : Étude et préparation d'une intervention	Durée : 3h00	Coefficient : 4	DT 6/11

C.C.T.P. (Extrait)

CAHIER DES CLAUSES TECHNIQUES PARTICULIERES

Lot N° 6 : PLATRERIE – ISOLATION

1 CLOISONS DE DISTRIBUTION
1.1 CLOISONS EN PLAQUES DE PLATRE

MISE EN OEUVRE

PLAFONDS

Les principales sujétions de mise en œuvre des plafonds sont les suivantes :
- Pose visée sur ossature bois ou métallique fixée à la structure (charpente ou plancher) par l'intermédiaire de pièces métalliques réglables. Les têtes de vis de fixation seront en léger retrait par rapport au parement.

- Toutes les ossatures et tous les accessoires pour les suspensions des plafonds doivent être protégés contre la corrosion par galvanisation ou métallisation.

- Et toutes sujétions d'exécution, suivant préconisation du fabricant.

FAUX-PLAFONDS

Les principales sujétions de mise en œuvre sont les suivantes :

- Toutes les ossatures et tous les accessoires pour les suspensions des plafonds doivent être protégés contre la corrosion par galvanisation ou métallisation.

- Toutes les préconisations du fabricant seront rigoureusement respectées.

CLOISONS DE DOUBLAGE

Les principales sujétions de mise en œuvre des plaques de doublage sont les suivantes :

- Pose par collage directement sur le support, suivant préconisation du fabricant.

- Raccordements avec les bâtis, les huisseries ou les menuiseries extérieures.

- Poteau en sapin blanc du Nord pour arrêt du doublage thermique lorsque celui-ci est arrêté en un point quelconque de la paroi.

- Baguettes métalliques d'angle sur 2,00 m de hauteur.

- Et toutes sujétions d'exécution, suivant préconisation du fabricant.

CLOISONS DE DISTRIBUTION

Cloisons à ossature métallique avec plaque de plâtre BA13 pour chaque face.
Les principales sujétions de mise en œuvre des cloisons sont les suivantes :

- Rails de liaison en plafond et à la jonction avec d'autres séparations verticales.

- Taquets de liaisonnement des éléments de cloisons.

- Raccordements avec les bâtis ou les huisseries.

- Création d'orifices avec encadrement en sapin pris entre les deux plaques de plâtre cartonné au droit des trappes de visite sur gaines d'encoffrement des canalisations.

- Baguettes métalliques d'angle sur 2,00 m de hauteur.

- Renforts pour cloisons de grande hauteur.

- Et toutes sujétions d'exécution, suivant préconisation du fabricant.

TRAITEMENT DES JOINTS

Tous les joints des plaques de doublage, cloisons ou plafonds seront traités de la manière suivante:

- Enduit de collage, pose de calicots.

- Enduit de finition.

- Ponçage.

- Enduit de lissage.

Si la bordure des plaques n'est pas biseautée, le tasseau ou la contre-latte situé en bout de plaque sera posé à 3 mm en retrait par rapport au nu fini, de façon à éviter toute saillie du joint.

Lot N° 7 : PLOMBERIE – SANITAIRE

L'alimentation d'eau froide sera composée des éléments suivants : de 2 vannes d'arrêt, d'un compteur d'eau, d'un réducteur de pression et d'un clapet antipollution.

APPAREILS SANITAIRES – ROBINETTERIES SANITAIRES

Les appareils sanitaires sont conformes aux normes et règlements en vigueur. Les appareils sanitaires doivent être exempts de tout défaut, de première qualité, choix "A", couleur suivant définition. L'adjudicateur du présent lot doit prendre toutes les précautions nécessaires pour que ces appareils restent en parfait état jusqu'à la livraison des locaux.

Les appareils sanitaires sont livrés sur le chantier avec leurs étiquettes d'origine, justifiant le choix et la marque, sous peine de refus. Ces étiquettes ne pourront être enlevées qu'après le constat par le Maître d'œuvre et le vérificateur de l'origine et du classement.

Tous les appareils sont posés avec désolidarisation entre parois et les appareils sanitaires. Des joints souples sont interposés entre les parois et les appareils sanitaires.

La fixation des appareils et leur scellement sont assurés par l'entreprise du présent lot, quels que soient la nature des matériaux et le type des appareils.

Les canalisations d'alimentation et d'évacuation en raccordement aux appareils sanitaires seront fixées par colliers à contrepartie démontable à pattes de fixation et rosaces d'écartement. Des bagues intercalaires résilientes seront interposées entre les colliers et les canalisations. L'espacement entre les colliers de fixation ne sera pas inférieur à 0.80 m pour les diamètres inférieurs à 16 mm et 1.30 m pour les diamètres supérieurs.

Immédiatement après la pose, l'entreprise doit prévoir, pour chaque appareil, un tampon de papier revêtu d'une fiche couche de plâtre.

L'entreprise a à sa charge la dépose et la repose des appareils pour travaux de peinture ou de carrelage.

Les fixations seront telles qu'elles pourront supporter 40) kg supplémentaires au poids de l'appareil plein d'eau.

Ces fixations doivent être adaptées à la nature des parois.

Les pièces en céramique seront de couleur blanche 1er choix, les inox seront de nuance 18/10.

Aucun vide non nettoyable sans appareil spécial ne sera toléré, remplissage des joints par cordon souple, en particulier entre appareils et parois.

Aucune pièce pouvant s'oxyder ne sera admise.

Tous les remplissages béton, scellements, fixations seront effectués par le présent lot, sauf indication contraire.

Les appareils seront de marque JACOB DELAFON ou PORCHER ou équivalent et marqués NF robinetterie sanitaire.

Les robinetteries auront une garantie de 10 ans, seront de marque PORCHER ou IDEAL STANDARD ou équivalent et seront marquées NF robinetterie sanitaire.

Tous les appareils sanitaires seront équipés de robinetteries de type mitigeur mécanique avec un classement ECAU disposant d'un classement ECAU (limiteur de débit escamotable (limiteur de débit) ou d'un bouton ECO pour le débit (limiteur de débit) dont la classe de confort est C2.

LAVE MAIN (WC – RDC et R+1)
Lave-mains céramique 40x21cm ODEON UP (Réf : E4799G)
Type d'installation : Autoportant
Poids (en Kg) : 5,5 kg
Normes : NF

Option - barre porte-serviettes en métal gris métallisé brillant (Réf. E4692)

Siphon « Design » chromé court (Réf : E78297)

Robinetterie avec levier de commande ergonomique sur mitigeur, de marque JACOB DELAFON Modèle BRIVE, (Réf. E78111)
Raccordement du siphon et joint d'étanchéité

Destination : WC RDC et R+1

W.C. suspendu

WC suspendu de marque JACOB DELAFON ou équivalent
Type d'installation : suspendu
Robinetterie NF silencieuse
Cuvette suspendue sans bride à basse consommation ODEON UP (Réf. E4570)

Dimensions : 54 x 36,50 cm
Chasse : 2,6/4L ou 3/6L
Matériau : Céramique
Poids (en Kg) : 24,8 kg
Normes : NF

Bâti support au sol avec réservoir à mécanisme 3/6L JACOB DELAFON, (Réf. E4311)
Matériau : acier résistant traité anti corrosion
Type d'installation : autoportant ou en applique sur mur ou en cloison légère ou en gaine technique
Mécanisme double chasse préréglé 3/6L
Poids (en Kg) : 17 kg

Abattant thermodur à descente progressive et déclipsable, ODEON UP, (Réf. 8409K)
Abattant équipé d'un système de frein de chute pour une fermeture progressive
Poids (en Kg) : 2,3 kg

Plaque de commande carrée, double touche JACOB DELAFON, (Réf. E4316)
Dimensions : 25,5 x 15,1 cm
Finition : blanc

Destination : WC RDC et R+1

ENSEMBLE DE DOUCHE (SDB RDC)

Marque JACOB DELAFON

Receveur rectangulaire 120x90x4cm FLIGHT, (Réf. E62451)

Type d'installation : à encastrer dans la réservation de dalle prévue par le maçon

Poids (en Kg) : 31 kg

Matériau : acrylique renforcé à charge minérale

Paroi de douche vitrée fixe CONTRA, (Réf. E22W90)

Dimensions : 200 x 90 cm

Profilés en aluminium chromé avec caches de finition hauts sans visserie apparente
Paroi vitrée traitée anti-calcaire ép. = 8mm

Barre de maintien chromé de paroi de douche, (Réf. E22BW90)

Dimensions : 100 cm

Profilés en aluminium chromé

Colonne de douche avec mitigeur thermostatique et douche de tête ronde, JULY, (Réf. E45716)

Type d'installation : mural

Poids (en Kg) : 6 kg

Blocage de température maximum à 50°C

Flexible de douche lisse anti-torsion

Douchette à main Citrus Ø 90mm 4 jets

Destination : Salle de bains du RDC

ENSEMBLE DE BAINS (SDB R+1)

Marque JACOB DELAFON

Baignoire acrylique rectangulaire 180 x 80cm, CORVETTE, (Réf. E60900)

Type d'installation : à encastrer dans tablier en béton cellulaire

Poids (en Kg) : 31 kg

Matériau : acrylique renforcé à charge minérale

Pare-bain vitré amovible STRUKTURA, (Réf. E6D042)

Dimensions : 80 x 140 cm

Pare-bain 1 vantail pivotant 90° en verre transparent de 6mm
Profilé chromé, système de levage intégré

Colonne bain-douche avec mitigeur thermostatique et douche de tête ronde, JULY, (Réf. E99741)

Type d'installation : mural

Robinetterie à corps tiède anti-brûlure

Inverseur intégré

Clapet anti-retour

Blocage de température maximum à 50°C

Flexible de douche anti-torsion

Douchette à main Citrus Ø 90mm 4 jets

Débit douche de tête et douchette limité à 10L/mn

Débit de la sortie de bain : 19 L/mn

Destination : Salle de bains de l'étage

PLAN VASQUES DOUBLES (SDB RDC et R+1)

Marque JACOB DELAFON

Plan vasques doubles 120x48cm STRUKTURA, (Réf. EXF112-00)

Type d'installation : autoportant ou sur meuble spécifique

Poids (en Kg) : 34,4 kg

Matériau : céramique

Meuble sous plan-vasques STRUKTURA, (Réf. EB1287)

Dimensions : 117 x 47 x 56 cm

Matériau : mélaminé. Décor : gris anthracite ou blanc

Rangement : 1 tiroir à fermeture progressive
Siphon PVC et joint d'étanchéité

Destination : Salle de bains RDC et R+1

ENSEMBLE ÉVIER 100X60 cm

Évier en résine, de marque BLANCO, type Kranke avenir ou équivalentT : (Réf. AIL621-70)

Dimensions : 96x50cm, 1 cuve 34x40x14.5cm, 1 égouttoir, avec plaques amortissantes.

Finition : soignée, bonde a panier automatique chromée avec trop plein et siphon PVC, posé sur meubles mélaminé ép 16mm, 3 portes à charnières invisibles de marque GENTE série ECO Joints inclus contre murs et cloisons dim : 100x60cm

Robinetterie mitigeuse avec bec tube orientable avec aérateur cascade (levier de commande ergonomique sur mitigeur). Cartouche à 2 disques céramique équipé de limiteur de température anti-brûlure réglable et de débit déverrouillable, flexibles tressés inox. De marque PORCHER ou équivalent type Okyris 2.

Meuble-évier

Meubles éviers bois stratifié blanc de 1.00 x 0.60 de marque GENTE ou équivalent comportant :
- 2 portes avec poignée PVC
- 1 plancher stratifié
- 1 étagère stratifiée
- 2 poignées

Destination : Cuisine, sous l'évier décrit précédemment

BIBLIOTHÈQUE DE PRIX BATIMENT — APPAREILS SANITAIRES

N° Article	Nom article / Appareil	Marque	Unité	Prix HT
E4799G	Lave-mains céramique 40x21	Jacob Delafon	u	120,00
E4800G	Lave-mains céramique 45x21	Jacob Delafon	u	135,00
E4801G	Lave-mains céramique 50x21	Jacob Delafon	u	155,00
E78297	Siphon "Design" Chromé court	Jacob Delafon	u	35,00
E78298	Siphon "Design" Chromé moyen	Jacob Delafon	u	48,00
E78299	Siphon "Design" Chromé long	Jacob Delafon	u	63,00
E78111	Robinetterie mitigeur avec levier	Jacob Delafon	u	60,00
E4530	Cuvette sur pied à fond creux	Jacob Delafon	u	120,00
E4545	Cuvette sur pied à sortie horizontal	Jacob Delafon	u	155,00
E4560	Cuvette sur pied à sortie verticale	Jacob Delafon	u	205,00
E4570	Cuvette suspendue sans bride	Jacob Delafon	u	267,00
E4580	Cuvette suspendue avec bride	Jacob Delafon	u	270,00
E4311	Bâti support au sol	Jacob Delafon	u	145,00
E4317	Bâti support mural	Jacob Delafon	u	239,00
8405K	Abattant thermoplastique déclipsable	Jacob Delafon	u	47,00
8409K	Abattant thermodur déclipsable	Jacob Delafon	u	67,00
8411K	Abattant ergonomique déclipsable	Jacob Delafon	u	81,00
E4316	Plaque de commande carrée double touche	Jacob Delafon	u	37,00
E4317	Plaque de commande sphère double touche	Jacob Delafon	u	28,00
E62451	Receveur rectangulaire 120 x 90 x 4	Jacob Delafon	u	171,00
E62455	Receveur rectangulaire 100 x 90 x 4	Jacob Delafon	u	136,00
E60000	Baignoire acrylique rectangulaire 180x80	Jacob Delafon	u	395,00
E60090	Baignoire acrylique double dos 180x80	Jacob Delafon	u	420,00
E60042	Pare-bain vitre amovible Modèle Struktura	Jacob Delafon	u	220,00
E99741	Colonne bain-douche avec mitigeur	Jacob Delafon	u	127,00
E99748	Colonne bain-douche avec mitigeur	Jacob Delafon	u	136,00
EXF112-00	Plain-vasques doubles 120 x 48	Jacob Delafon	u	487,00
EXF114-00	Plain-vasques doubles 130 x 48	Jacob Delafon	u	501,00
EXF116-00	Plain-vasques doubles 140 x 48	Jacob Delafon	u	550,00
EB1287	Meuble sous plain-vasque 117 x 47 x 56	Jacob Delafon	u	549,00
EB1290	Meuble sous plain-vasque 127 x 47 x 56	Jacob Delafon	u	612,00
EB1295	Meuble sous plain-vasque 137 x 47 x 56	Jacob Delafon	u	685,00

Comment lire un compteur d'eau ?

Savoir lire son compteur d'eau permet de calculer au plus juste sa consommation d'eau et peut même aider à détecter une fuite dans son logement.

Dans cette fiche, nous allons vous expliquer comment lire un compteur d'eau.

Compteur eau

15 mm

Lire un compteur d'eau pour calculer le volume consommé

≫

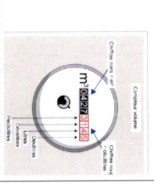

Exemple : si votre compteur comporte 4 chiffres blancs sur fond noir et 4 chiffres rouges sur fond blanc et que le nombre inscrit est 04273145, alors : 0427 représente l'index des m³ consommés et 3.145 représente le nombre d'hectolitres consommés puis 31.45 représente le nombre de décalitres consommés et 314.5 représente le nombre de litres consommés et pour terminer 3 145 représente le nombre de décilitres consommés.

FICHE EPI

PLOMBIER – CHAUFFAGISTE

Attention, cette fiche est fournie à titre indicatif elle n'a pas vocation à être exhaustive. La protection individuelle doit être adaptée à chaque situation de travail

PROTECTION DES YEUX
Protège contre les projections, éclats et l'intensité lumineuse lors du soudage.
Lunettes ou sur-lunettes avec protection latérale NF EN 166
Soudeur : masques à filtre EN 175 (+ EN 169, EN 166 ou EN 379 selon le type de masque choisi)

PROTECTION RESPIRATOIRE
Protège contre les poussières et les produits dangereux
Masque de type P3 (jetable ou réutilisable)

Exposition à des produits dangereux : voir FDS pour connaître le type de masque

PROTECTION CONTRE LA CHUTE
Protège lorsque la protection collective n'est pas suffisante
Harnais complet (NF EN 361)
Longe avec absorbeur de choc (NF EN 355) ou enrouleur (NF EN 360)
Point d'encrage (NF EN 795)
Connecteurs (NF EN 362)

CHAUSSURES DE SECURITE
Protège contre les chutes d'objets, les chutes et les perforations
EN ISO 20345
+ spécification S (embout de protection)
+ spécification P (anti perforation)
Tige haute ou basse

PROTECTION DE LA TETE
Protège des chutes d'objets et des chocs lors de certaines situations spécifiques (chantiers à port obligatoire)
Norme : NF EN 397
Chaque casque a une date limite d'utilisation (de 2 à 4 ans), voir notice.

PROTECTION AUDITIVE
Protège du bruit en atelier et sur chantier et lors du travail dans un environnement bruyant.
Bouchons d'oreille réutilisables ou jetables (NF EN 352-2). Pré-moulés si possible.
Casque antibruit ou serre-tête

PROTECTION DES MAINS
Protège contre les blessures et le contact avec des produits dangereux
Contre le risque mécanique NF EN 388
Contre le risque chimique (imperméables) NF EN 374-3
Gants de soudure NF EN 12477

VETEMENTS DE TRAVAIL
Protège le corps et la peau
A adapter aux conditions environnementales.
Préférer les vêtements les plus couvrants possibles mais respirants NF EN 340
Soudeurs : NF EN 470-1
Contre les intempéries NF EN 343
Contre le froid NF EN 342
Ramoneurs : combinaison jetable
Pantalons à genouillères intégrées

Le chef d'entreprise a l'obligation de fournir les EPI nécessaires à ses salariés et de les renouveler en cas de besoin. Les salariés sont, de préférence, associés au choix des EPI afin de réduire les risques de non-port. L'obligation du port des EPI doit être inscrite au règlement intérieur ou dans une note de service.

Retrouvez cette fiche et beaucoup d'autres outils prévention sur www.iris-st.org

CAP MONTEUR EN INSTALLATIONS SANITAIRES	Code : DT 2006-CAP MIS EP1	Session 2020	DOSSIER TECHNIQUE
ÉPREUVE EP1 : Étude et préparation d'une intervention	Durée : 3h00	Coefficient : 4	DT 11/11

C.A.P. Monteur en installations sanitaires

ÉPREUVE EP2

Réalisation d'un ouvrage courant

Épreuve pratique

Durée : 15h00 - Coefficient : 8

L'usage de calculatrice avec mode examen actif est autorisé.
L'usage de calculatrice sans mémoire, « type collège » est autorisé.

Dossier Sujet-Réponses

CAP MONTEUR EN INSTALLATIONS SANITAIRES	Code : 200E CAP MIS EP2	Session 2020	SUJET
ÉPREUVE EP2 : Réalisation d'ou ouvrage courant	Durée : 15h00	Coefficient : 8	Page 1 /4

MISE EN SITUATION

Vous êtes en charge de l'installation d'un lave mains dans une salle de bains. Vous devez réaliser la pose du lave mains ainsi que son raccordement ECS et EFS et son évacuation.

Vous disposez de :

- une partie écrite comprenant des questions, page 4/4 pour une durée d'une heure maximum.
- une cabine d'implantation avec les amorçages :
  - de l'évacuation PVC
  - du départ et de l'arrivée des réseaux EFS et ECS
- un plan d'implantation et de définition,
- un barème de notation,
- l'outillage mis à disposition (cintreuses, poste OA, etc.)
- les fournitures, matériaux et composants.

On demande :

- de répondre au questionnaire de la partie écrite sur la page 4/4 **à rendre à l'examinateur** :
- d'équiper le lave mains (robinetterie, bonde, siphon) ;
- de fixer le lave mains au mur ;
- de raccorder l'évacuation PVC (sans COLLER) ;
- de raccorder le réseau EFS et ECS avec tous les composants ;
- de mettre en service l'installation (hors évacuation des E.U.) ;
- de contrôler l'étanchéité de l'ensemble.

Données complémentaires :

- Répondre au questionnaire page 4/4 en début d'épreuve en 1 heure maximum.
- Équiper et Implanter le lave mains en respectant les cotes.
- La position des points de fixation est laissée à l'initiative du candidat.
- La position et l'implantation des réseaux EFS et ECS, non spécifiées, sont laissées à l'initiative du candidat. L'ouvrage doit être réalisé dans les règles de l'art.
- **Pour l'évaluation, il sera tenu compte de l'aspect dimensionnel, fonctionnel et esthétique de l'ensemble.**
- La mise en eau sera réalisée par le centre d'examen.

Critères d'évaluation :

- un lave-mains équipé et fonctionnel,
- une fixation du lave-mains isostatique et de niveau,
- un raccordement des eaux usées propre, fonctionnel et esthétique **(NON collé)**,
- un raccordement EFS/ECS propre, fonctionnel et esthétique,
- un ouvrage conforme au plan donné,
- un ouvrage réalisé en autonomie dans le temps imparti,
- le respect des cotes et des façonnages réalisés suivant les règles de l'art,
- un poste de travail ordonné et propre pendant l'exécution et à la restitution du travail,
- le respect des règles de sécurité et de la tenue (EPI),
- un comportement et des gestes professionnels

	NOTE	SUR
PARTIE ECRITE EN DEBUT D'EPREUVE		20
COTES		
800		5
850		5
540		5
		15
EQUIPEMENT ET POSE DU LAVE MAINS (esthétique et fonctionnel)		
le mitigeur est correctement fixé (orientation, fonction)		6
le mitigeur est correctement raccordé (ECS, EFS, joints, flexibles ok)		10
la bonde est correctement montée (avec joint etc...)		5
le siphon est correctement monté (orienté à gauche, serré, etc)		10
le lave mains est correctement fixé (isostatique, de niveau, propre, non abimé)		15
		46
EVACUATION PVC (non collée)		
pente d'évacuation réalisée (1° minimum)		5
baïonnette avec coudes à 45°		3
(réalisée, épouse les départ ECS/EFS)		
fixation (pose des colliers réalisée)		3
bouchon posé (oui/non)		3
T 40/32 correctement orienté (dans le sens de la pente)		5
raccordement au siphon (oui/non)		5
		24
CUIVRE		
traçage		3
pose des colliers		2
cintrages à 90° (x2)		4
piquages (x3)		6
dessautages (x2)		6
chapeaux de gendarme (x2)		7
pose et brasage des boites à souder (x3)		6
extrémités pincées/ brasées (présentées?)		3
5 brasures générales (aspect esthétique et fonctionnel)		25
pose des 2 vannes (orientation, esthétique)		5
		67
GENERAL		
Equerrage		5
Alignement		5
Propreté		5
Respect du temps donné		8
Comportement et gestes professionnels		5
		28
TOTAL		**200**

NOTE /20

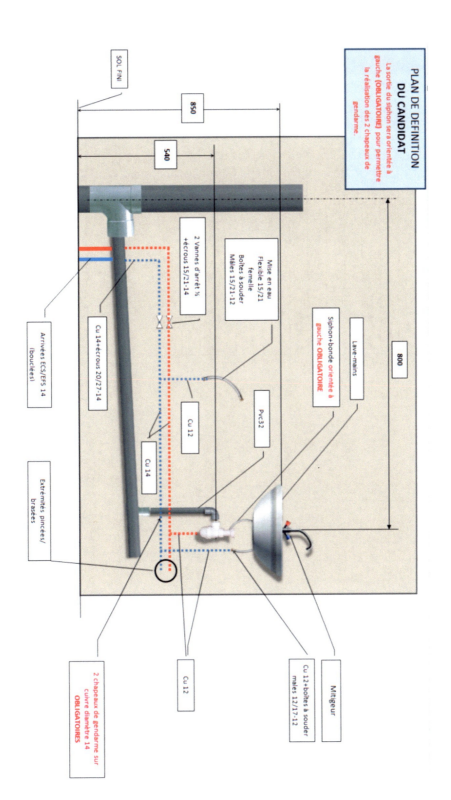

PLAN DE DEFINITION
DU CANDIDAT
La sortie du siphon sera orientée à
gauche (OBLIGATOIRE) pour permettre
la réalisation des 2 chapeaux de
gendarme.

SOL FINI

850

540

800

2 Vannes d'arrêt ¾
+écrous 15/21-14

Mise en eau
Flexible 15/21
femelle
Boîtes à souder
Mâles 15/21-12

Cu 14+écrous 20/27-14

Arrivées ECS/EFS 14
(bouclées)

Cu 12

Pvc32

Siphon+bonde orientée à
gauche OBLIGATOIRE

Lave-mains

Cu 14

Extrémités pincées/
brasées

Cu 12

Cu 12+boîtes à souder
mâles 12/17-12

Mitigeur

2 chapeaux de gendarme sur
cuivre diamètre 14
OBLIGATOIRES

Partie écrite à compléter en début d'épreuve en 1 heure maximum.
(À rendre à l'examinateur au terme de l'heure)

Question n°1   **/3 pts**
Déterminer vos besoins en :

- **Boîte à souder (nombre total) :**
- **Outillage (citer 3 outils minimum) :**
- **EPI (liste) :**

Question n°2   **/3 pts**
Repérer les matériaux utilisés sur cet ouvrage.
Entourer les réponses exactes.

TAN   CUIVRE   PVC   TAG   MULTICOUCHE
PER   LAITON   PVC Pression

Question n°3   **/4 pts**
Donner le nombre des composants cités ci-dessous, nécessaires à la réalisation de votre installation :

- **Écrous ¾ passage 14** ....
- **Écrous ½ passage 14** ....
- **Vanne MM ½** ....
- **Té PVC** ....

Question n°4   **/1 pt**
Je peux effectuer un piquage à bord relevé sur deux tubes de diamètre identique.
Entourer la réponse exacte.

VRAI   FAUX

Question n°5   **/1 pt**
Pour coller le PVC, j'ai besoin de :
Entourer les réponses exactes (2).

COLLE   DÉCAPANT   TOILE ÉMERI   PATE A JOINT

Question n°6   **/2 pts**
Quel pourcentage de **pente minimum** est préconisé pour les évacuations. Entourer la bonne réponse.

5%   1%   2%

Question n°7   **/1 pt**
Quel type d'étanchéité est utilisé pour raccorder les flexibles du mitigeur sur les manchons à souder en 12/17.
Entourer les réponses exactes.

TÉFLON   JOINT FIBRE   FILASSE   JOINT TORIQUE

Question n°8   **/5 pts**
Le magasinier vous a mis à disposition les fournitures ci-dessous.
Cocher **UNIQUEMENT** celles nécessaires pour effectuer votre intervention.

Lavabo	
Mitigeur	
Bonde + siphon	
Cuivre Ø12	
Cuivre Ø14	
Cuivre Ø16	
Cuivre Ø28	
Vanne d'arrêt 3/4	
Vanne d'arrêt 1/2	
Tube PVC Ø40	
Tube PVC réduit Ø40/32 FF	
Coude à 90° PVC Ø40	
Coude à 90° PVC 32	
Collier PVC Ø40	

TOTAL :   /20
(NOTE A REPORTER SUR BARÈME page 2 / 4)

N° de candidat :

CAP MONTEUR EN INSTALLATIONS SANITAIRES	Code : 2006 CAP MIIS EP2	Session 2020	SUJET
ÉPREUVE EP2 : Réalisation d'où ouvrage courant	Durée : 15h00	Coefficient : 8	Page 4/4

192

SESSION 2020

CAP MONTEUR
EN
INSTALLATIONS
SANITAIRES

Épreuve EP2

Préparation par le centre d'examen

CAP MONTEUR EN INSTALLATIONS SANITAIRES	Code : 2006 CAP MIS EP2	Session 2020	MO Centre
ÉPREUVE EP2 : Réalisation d'où ouvrage courant	Durée : 15h00	Coefficient : 8	Page 1/5

PRÉPARATION PAR LE CENTRE D'EXAMEN

- Fourniture de l'environnement de travail net (voir plan « PREPARATION CENTRE EXAMEN » ci-après)
- Mise à disposition de l'outillage (cintreuses, poste OA etc.)
- Fourniture des matériaux et composants (cuivre, PVC, fixations, équipements, etc.)
- **Fournir un lave mains (longueur max 350 mm) +mitigeur et siphon/ bonde <u>à monter sur lave mains par le candidat.</u>**
-
-

Liste d'outillage à fournir par le centre d'examen

- Panneau de 1,20m de largeur x 1,20 m de hauteur
- Cintreuse manuelle établi pour diamètres 14 x 1 et 12 x 1
- Chalumeau oxyacéthylénique
- Brasure phosphore + décapant pour métaux cuivreux
- Filasse + pâte à joints
- Joints fibres
- Gabarit pour la mise en eau
- Toile émeri
- Chevilles diamètre 8 "nylon" (sauf si panneau en bois)
- Perforateur à percussion et ses foret béton(Ø8) et mèche à bois(Ø5)

CAP MONTEUR EN INSTALLATIONS SANITAIRES	Code : 2006 CAP MIS EP2	Session 2020	MO Centre
ÉPREUVE EP2 : Réalisation d'où ouvrage courant	Durée : 15h00	Coefficient : 8	Page 2/5

194

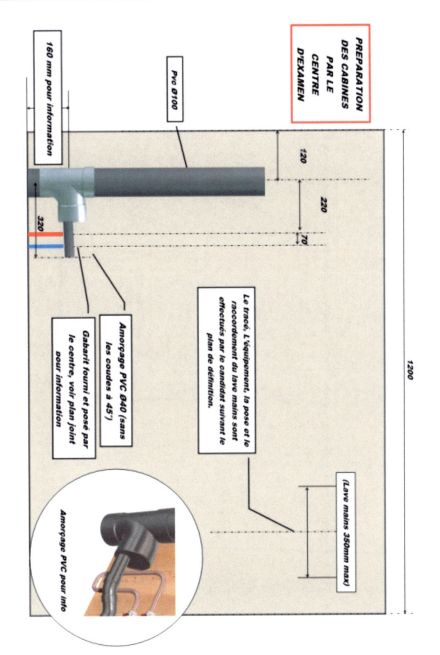

PREPARATION DES CABINES PAR LE CENTRE D'EXAMEN

160 mm pour information

Pvc Ø100

120

220

70

320

Le tracé, L'équipement, la pose et le raccordement du lave mains sont effectués par le candidat suivant le plan de définition.

Amorçage PVC Ø40 (sans les coudes à 45°)

Gabarit fourni et posé par le centre, voir plan joint pour information

(Lave mains 350mm max)

1200

Amorçage PVC pour info

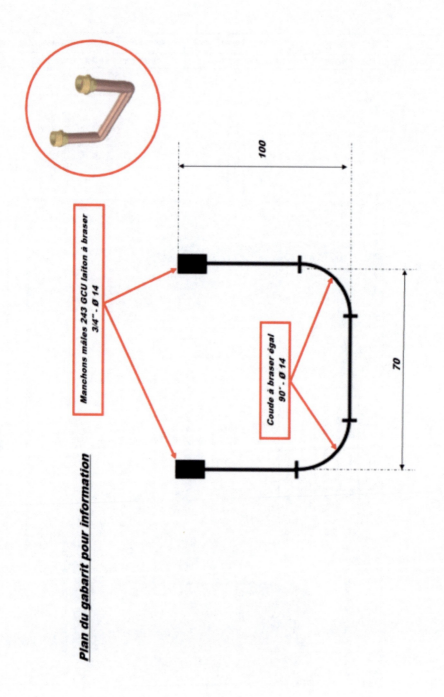

Plan du gabarit pour information

Manchons mâles 243 GCU laiton à braser 3/4" - Ø 14

Coude à braser égal 90° - Ø 14

100

70

196

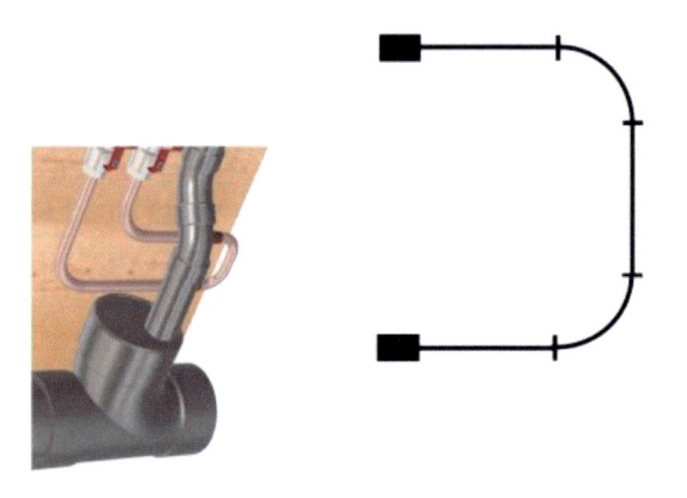

CAP MONTEUR EN INSTALLATIONS SANITAIRES	Code : 2006 CAP MIS EP2	Session 2020	MO Centre
ÉPREUVE EP2 : Réalisation d'où ouvrage courant	Durée : 15h00	Coefficient : 8	Page 5/5

SESSION 2020

CAP

MONTEUR EN INSTALLATIONS SANITAIRES

Épreuve EP2

MATIÈRE D'ŒUVRE CHIFFRÉE

CAP MONTEUR EN INSTALLATIONS SANITAIRES	Code : 2006 CAP MIS EP2	Session 2020	MO Centre
ÉPREUVE EP2 : Réalisation d'où ouvrage courant	Durée : 15h00	Coefficient : 9 dont 1 pour PSE	Page 1 /2

Désignation	Lg EN CM	UNITES	total prix HT	réutilisable
PVC DIAMETRE 100	100		1	
COLLIERS PVC DIAMETRE 100		2	6	6
T PVC DIAMETRE 100		1	17	17
TAMPON DE REDUCTION SIMPLE DIAMETRE 100-40		1	5,5	5,5
PVC DIAMETRE 40	150		1	
COLLIER PVC DIAMETRE 40		1	1	
TAMPON PVC DIAMETRE 40		1	1	1
COUDE A 45° DIAMFTRE 40 F/F		1	1	1
COUDE A 45° DIAMETRE 40 M/F		1	1	2
PVC DIAMETRE 32	100		1	
COUDE A 90° FF DIAMETRE 32		1	1,3	1,3
T PVC REDUIT DIAMETRE 40/32 FF		1	2	2
COLLIER PVC DIAMETRE 32		1	1	
CUIVRE DIAMETRE 12	150		7,5	
CUIVRE DIAMETRE 14	200		11	
CHEVILLES NYLON DIAM.8				
VANNES MM 1/2"		2	20	20
FLEXIBLE MISE EN EAU 15/21 FF		1	10	10
ECROU 15/21 - 14		4	6	
ECROU 20/27 - 14		2	1	
BOITE A SOUDER 15/21 - 12		1	1,1	
BOITE A SOUDER 12/17- 12		2	2	
JOINT FIBRE 15/21		4	0,4	
JOINT FIBRE 20/27		2	0,2	
BRASURE CUPROPHOSPHORE				
FLUX NEVAX CUPROPHOSPHORE				
FILASSE+PATE A JOINT				
COLLIERS DIAM 14		7	0,7	
ROSACES H22		10	0,5	
PATTE A VIS LG 50		10	0,4	
COLLIERS DIAM 12		3	0,3	
LAVE MAINS		1	30	30
MITIGEUR		1	30	30
SIPHON/ BONDE		1	8	8
TOTAL HT			168,9	133,8
cout par candidat HORS réutilisable				**35,1**

SESSION 2020
CAP
MONTEUR EN
INSTALLATIONS SANITAIRES

Épreuve EP2

LISTE D'OUTILLAGE A FOURNIR
PAR LE CANDIDAT

Qté	Désignation
1	Tournevis plat
1	Tournevis cruciforme
1	Pince multiprise
1	Scie à métaux + lame de remplacement
1	Lime demi-ronde
1	Coupe tube cuivre avec ébavureur
1	Matrice + toupie
1	Etoile de buses
1	Crayon
1	Mètre à ruban
1	Lunettes soudage filtre 5
1	Marteau à garnir
1	Clé à molette
1	Niveau droit
1	Équerre

CAP MONTEUR EN INSTALLATIONS SANITAIRES	Code : 2006 CAP MIS EP2	Session 2020	Matériel candidat
ÉPREUVE EP2 : Réalisation d'où ouvrage courant	Durée : 15h00	Coef. 9 dont 1 pour PSE	Page 1/1

200

SESSION 2020

C.A.P. Monteur en installations sanitaires

ÉPREUVE EP2

Réalisation d'un ouvrage courant

Épreuve pratique

Durée : 15h00   -   Coefficient : 8

CORRIGÉ

Question n°1 /3 pts

Déterminer vos besoins en :

- *Boîte à souder (nombre total) : 3*
- *Outillage : pince, matrice, coupe tubes...*
- *EPI : bleu, chaussures, lunettes*

Question n°2 /3 pts

Désigner les matériaux utilisés sur cet ouvrage.
Entourer les réponses exactes.

TAN	*CUIVRE*	*PVC*	TAG	MULTICOUCHE
PER	*LAITON*	PVC Pression		

Question n°3 /4 pts

Donner le nombre de composants, ci-dessous, nécessaires à la réalisation de votre installation :

- *Écrous ¾ passage 14*   *4*
- *Écrous ½ passage 14*   *2*
- *Vanne MM ½*   *2*
- *Té PVC*   *2*

Question n°4 /1 pt

Je peux effectuer un piquage à bord relevé sur deux tubes de diamètre identique.
Entourer la réponse exacte.

    VRAI   *FAUX*

Question n°5 /1 pt

Pour coller le PVC, j'ai besoin de :
Entourer les réponses exactes (2).

COLLE   DECAPANT   *TOILE EMERI*   PATE A JOINT

Question n°6 /2 pts

Quel pourcentage de **pente minimum** est préconisé pour les évacuations. Entourer la bonne réponse.

5% *1%* 2%

Question n°7 /1 pt

Quel type d'étanchéité est utilisé pour raccorder les flexibles du mitigeur sur les manchons à souder en 12/17.

Entourer les réponses exactes.

TEFLON *JOINT FIBRE* **FILASSE** **JOINT TORIQUE**

Question n°8 /5 pts

Le magasinier vous a mis à disposition les fournitures ci-dessous. Cocher **UNIQUEMENT** celles nécessaires pour effectuer votre intervention.

Lavabo	x
Mitigeur	x
Bonde + siphon	x
Cuivre Ø12	x
Cuivre Ø14	x
Cuivre Ø16	
Cuivre Ø28	
Vanne d'arrêt 3/4	
Vanne d'arrêt 1/2	x
Tube PVC Ø40	x
Tube PVC réduit Ø40/32 FF	x
Coude à 90° PVC Ø40	
Coude à 90° PVC 32	x
Collier PVC Ø40	x

CAP MONTEUR EN INSTALLATIONS SANITAIRES

SUJET

Session 2020

ÉPREUVE EP3

Réalisation de travaux spécifiques.

Thème 1

Remplacement d'un raccord diélectrique.

CAP MONTEUR EN INSTALLATIONS SANITAIRES	SUJET	Coefficient : 2	2020
ÉPREUVE : EP 3 Réalisation de travaux spécifiques	Durée : 3H00	Code : 2006-CAP MIS EP3	Page 1/7

204

Problématique :

Votre employeur vous demande de vous rendre sur la construction d'une maison individuelle pour effectuer la mise en service du réseau sanitaire et d'identifier les références de l'accumulateur électrique afin qu'il puisse remplir le document de garantie.

Lors de votre intervention, vous constatez une fuite importante sous l'accumulateur d'eau chaude qui est dûe à un défaut de fabrication du raccord diélectrique, ce qui vous oblige à remplacer le raccord.

Compétences évaluées :

C1.2 : Échanger et rendre compte oralement
C4.2 : Réaliser une mise en service
C4.4 : Effectuer une opération de maintenance corrective

Vous disposez :

-Une installation comportant un ballon d'eau chaude avec fiche signalétique apparente.
-Un schéma de principe de l'équipement de l'accumulateur électrique.
-Une documentation technique de l'accumulateur du centre d'examen.
-Les pièces de rechange nécessaires (si besoin).

Schéma de principe de l'installation

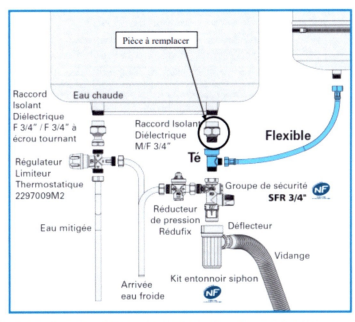

CAP MONTEUR EN INSTALLATIONS SANITAIRES	SUJET	Coefficient : 2	2020
ÉPREUVE : EP 3 Réalisation de travaux spécifiques	Durée : 3H00	Code : 2006-CAP MIS EP3	Page 2/7

TRAVAIL DEMANDÉ

On vous demande :

- De procéder à l'identification du modèle de l'accumulateur.

- De répondre oralement aux questions 2.1, 2.2 et 2.3 posées par le client (examinateur).(Page 4/7)

- De présenter le fonctionnement de l'accumulateur à l'examinateur.

- De donner la chronologie des tâches à effectuer pour le remplacement du raccord diélectrique et la mise en service de l'installation sanitaire.

- De procéder au remplacement du raccord diélectrique sur l'installation mise à votre disposition.

- De mettre en service l'installation sanitaire de l'accumulateur mise à votre disposition.

Barème de correction		
Tâches	Critère d'exigence des tâches.	Note
Tâche 1	**Procéder à l'identification du modèle de l'accumulateur.** *L'identification du modèle est correcte*	/04
Tâche 2	**Répondre oralement aux questions du client (examinateur) 2.1 2.2 2.3** *La réponse de la fonction du raccord diélectrique (2.1) est correcte. (2 pts)* *La réponse de la température de l'eau (2.2) est correcte. (2 pts)* *Le contrôle de l'aquastat de l'accumulateur (2.3) est correct. (2 pts)*	/06
Tâche 3	**Présentation orale du fonctionnement de l'accumulateur.** *La présentation orale est argumentée et correcte.* *Les réponses sont correctes.*	/20
Tâche 4	**Ordre chronologique du remplacement du raccord diélectrique.** *L'ordre chronologique est respecté.*	/10
Tâche 5	**Remplacement du raccord diélectrique, et mise en service.** *L'ordre de procédure est respecté. (10 pts).* *Le système est monté correctement. (10 pts).*	/20
	TOTAL	/60
	NOTE	/20

Document réponse pour l'intervention précédent l'entretien.

Tâche 1 :
Identifier les références de l'accumulateur ECS :

Modèle	
Puissance	
Tension d'alimentation	
Type de résistance	

Tâche 2.1 :
- Citer la fonction des raccords diélectriques obligatoires sur le raccordement de l'accumulateur ECS.

Tâche 2.2 :
- Citer la raison pour laquelle on doit chauffer l'eau d'un accumulateur ECS entre 60° et 65°.

Tâche 2.3 :
- Relever le réglage de température constaté sur le thermostat de l'accumulateur.

Tâche 3 : à l'oral
- Présenter oralement le fonctionnement d'un accumulateur électrique.
- Donner le rôle du thermostat de l'accumulateur.
- Donner les avantages et inconvénients des résistances stéatites et thermo-plonger.
- Citer les quatre fonctions du groupe de sécurité.

Document réponse pour l'intervention précédent l'entretien.

Tâche 4 :
Dans le tableau ci-dessous, établir l'ordre chronologique des opérations pour le remplacement du raccord diélectrique et la mise en service de l'accumulateur.
Les opérations 1 et 9 vous sont données.

Ordre	Opérations	
1	Mettre hors tension l'accumulateur électrique.　　　(exemple 1)	✓
	Effectuer le remplissage de l'accumulateur.	
	Installer le groupe de sécurité.	
	Raccorder la tuyauterie eau froide sur le groupe de sécurité.	
	Remplacer le raccord diélectrique.	
	Vidanger l'accumulateur.	
	Fermer la vanne d'alimentation en eau de l'accumulateur.	
	Mettre sous tension l'accumulateur.	
	Déposer le groupe de sécurité.	
	Déposer le raccord diélectrique défectueux.	
9	Contrôler le serrage et l'étanchéité de l'ensemble des raccords. (exemple 2)	✓
	Purger l'installation en ouvrant un robinet eau chaude.	

Demander la validation de votre ordre chronologique à l'examinateur avant de procéder à la question 5.

Toutes les manipulations sont faites en présence de l'examinateur.

Tâche 5 :
Procéder au remplacement du raccord diélectrique défectueux, cette intervention se fera hors tension.
Procéder à la mise en service de l'installation.

Faire constater par l'examinateur la remise en service.

DOCUMENT TECHNIQUE

UN GROUPE DE SÉCURITÉ à quoi ça sert ?
Comment ça marche ? :

Cet appareil regroupe 4 fonctions :

✓ **Protéger** le chauffe-eau à accumulation contre les excès de pression :
Avec la température de l'eau qui augmente, la pression elle aussi augmente
à l'intérieur du chauffe-eau à accumulation (dilatation de l'eau).
Pour des raisons de sécurité cette pression doit être limitée à une valeur
inférieure à la pression de sécurité de la cuve.
Cette fonction est assurée par la soupape de sécurité qui est réglée à 7 bar.

✓ **Isoler** le chauffe-eau à accumulation du circuit d'alimentation eau froide :
Cette fonction est assurée par le robinet d'arrêt (lui aussi intégré au Groupe
de Sécurité).

✓ **Interdire** le retour de l'eau chaude dans le circuit d'alimentation eau froide :
Un clapet anti-retour empêche tout retour de l'eau chaude (qui est sous pression dans le chauffe-eau à accumulation) dans le circuit d'alimentation eau
froide, notamment lorsque la pression du chauffe-eau à accumulation devient
supérieure à celle du circuit d'alimentation en eau froide.

✓ **Vidanger** le chauffe-eau à accumulation :
La vidange du chauffe-eau à accumulation est assurée par la soupape de
sûreté qui peut-être actionnée manuellement, une fois ouverte, l'eau sous
pression contenue dans le chauffe-eau à accumulation est évacuée (attention
: bien veiller à avoir débranché préalablement le raccordement électrique du
chauffe-eau à accumulation, méfiez-vous également des risques de brûlures
lors de la vidange de l'eau chaude).
L'orifice de vidange du Groupe de Sécurité, qui comporte une garde d'air évi-
tant toute remontée d'eau de vidange, doit être raccordée à l'évacuation par
un kit siphon.

Légionelles et légionellose : risque des ballons d'eau chaude

La bactérie legionella pneumophila ou légionellose (nom **maladie du
légionnaire**) se développe dans l'eau à 20-45°C et présente un risque pour un
ballon d'eau chaude. Lorsqu'une installation d'eau chaude sanitaire n'est pas
assez chauffée, il existe le risque de voir se développer des bactéries mortelles
appelées **legionella pneumophila** (légionelles) responsable de la maladie de la
légionellose.

CAP MONTEUR EN INSTALLATIONS SANITAIRES

ÉPREUVE EP3

Réalisation de travaux spécifiques

MATÉRIEL A FOURNIR PAR LE CENTRE D'EXAMEN

Thème 1 : Remplacement d'un raccord diélectrique .
Une installation comportant un ballon d'eau chaude avec fiche signalétique apparente.
Une documentation technique de l'accumulateur du centre d'examen.
Les pièces de rechange nécessaires (si besoin).
Outillage individuel adapté aux opérations

Thème 2 : Remplacement d'un mécanisme de chasse d'eau. :
Une installation comportant un WC installé.
Une documentation technique du mécanisme de chasse d'eau fourni par le centre d'examen.
Les pièces de rechange nécessaires si besoin
Outillage individuel adapté aux opérations.

Thème 3 : Remplacement et réglage d'un réducteur de pression
Une installation équipée d'un réducteur de pression.
Une documentation technique du réducteur de pression fourni par le centre d'examens.
Outillage individuel adapté aux opérations.

CAP MONTEUR EN INSTALLATIONS SANITAIRES		
SESSION 2020	ÉPREUVE EP3 – Réalisation de travaux spécifiques	Matériel à fournir
DUREE : 3h	COEFFICIENT : 2 CODE : 2006-CAP MIS EP3 MO	PAGE 1/1

Printed in France by Amazon
Brétigny-sur-Orge, FR

18332208R00118